Perecedero

Saúl Díaz Reales

S.

Ilustraciones: *Danielle Reales.*

Revisión: *Marta Martín* y *Paula Calderón.*

Para el Salva.

"Enséñame a comenzar de nuevo,

a romper los esquemas del pasado,

a dejar de decirme a mí mismo que no puedo cuando puedo,

que no soy cuando soy,

que estoy atado cuando soy eminentemente libre."

Rabí Nachman de Breslau (1772-1810).

"Disfruta del momento. ¿A dónde vas con tanta prisa?"

Valentín Sánchez.

ÍNDICE

ME GUSTARÍA

Me gustaría que fueses honesta. Sincera conmigo siempre. Íntegra como tantas veces yo no tuve el valor de ser.

Me gustaría que te quisieras. Que te cuidaras el pelo y fueras meticulosa con tu vestuario en cualquier estilo que te resultara cómodo. Que no te hiciera falta mirarte en todos los espejos para saber que eres la más guapa. Que nunca tu presencia pasara desapercibida.

Me gustaría que comprendieras que todos los miedos y todas las alegrías que son importantes para ti, también lo son para mucha otra gente. Y que al comprender esto, no te sintieras nunca más que nadie, cualquiera que fuese la circunstancia que te hiciera sentir así. Porque en lo más profundo de nuestro ser, aún sin darnos cuenta, soñamos con la felicidad y con un mundo sin sufrimiento. Y a ese nivel, todos somos iguales. Me gustaría que quisieras a los demás como te quieres a ti misma. Comprenderías entonces que el mundo es un lugar hermoso.

Me gustaría que sintieras compasión por todos los que sufren. Que te hiciera llorar ver a un niño siendo travieso con otro. Que sintieras el dolor de todas esas madres que sin entender por qué, ni merecerlo, tienen que ver a sus hijos morir en sus brazos, con el cuerpo lleno de metralla, de agujeros de bala y sangre seca; con los ojos perdidos en el infinito y resecos de muerte y polvo. Resultado trágico de una entre tantas guerras de religión, petróleo y dinero, mezclados en proporciones variables, según necesidad. Guerras que siempre comienzan los poderosos, los que nunca mandan a sus hijos a luchar ni a morir en ellas. Me gustaría que eso que sintieras te llenara de fuerza para actuar, para no permitir injusticias en tu nombre, para no tolerar ningún abuso en tu presencia. Y proceder siempre en favor del más perjudicado, del más débil, del que trataran de abusar, del pobrecito.

Me gustaría que entendieras que la verdad es relativa: que cada persona tiene derecho a comprender el Universo a su manera, tanto los que llevan razón, como los que estamos equivocados; que el bien y el mal no existen más que en contextos precisos de espacio y tiempo: lo que es correcto, es correcto aquí y ahora, y no necesariamente en cualquier otro lugar ni mañana. Que la sabiduría no nos la conceden la vida y los años por sí solos, sino el análisis de cada experiencia. Que todos tenemos miedo, pero si nos abrazáramos como hermanos, podríamos ser los más valientes del mundo. Si además ese valor lo sentimos por dentro, de verdad, sin dudas, entonces no habría nada que no pudiéramos alcanzar, nada que no pudiéramos ser. Pues ese es el verdadero secreto de este nuestro Universo.

Me gustaría que usases la fuerza física sólo para inmovilizar a aquellos a quien quisieras hacer cosquillas. Que después de haber escuchado sus historias y opiniones, mataras a besos a tus adversarios. Que nunca levantaras la voz mas que para gritar que eres feliz. Que fueras respetuosa con todas las opiniones, incluso con aquellas que aún no llegas a entender. Que en tus batallas y discusiones nunca hubiera perdedores, sino nuevos amigos. Que el poder de la palabra te asistiera en tu viaje hacia un mundo mejor. Y que con el tiempo, aprendieras a tener compasión por las personas de mentes cerradas, de ideas fijas e intolerantes con cualquier otro punto de vista, pues ellos aún no han aprendido que se puede estar equivocado. Me gustaría que cada día te esforzaras, aún revelándote contra ti misma, en hacerte una persona mejor.

Me gustaría también que supieras jugar por disfrutar del juego, sin importar quién ganase la partida. Que en el juego, como en la vida misma, se puede perder aún sin haber cometido ningún error.

Quisiera que comprendieras que no tiene sentido preocuparse, pues hay una línea divisoria entre lo que tiene solución y lo que no. Que si vives tu vida concentrándote en lo que te hace sentir bien, no hay nada que no puedas realizar, pues son esos los sentimientos que hacen que tus átomos se alineen con el pulso del cosmos, abriendo las puertas del lugar donde viven tus deseos.

Me gustaría que encontraras siempre el lado bueno de todo lo que te ocurra. Que vivieras sabiendo que lo que se te presenta como algo negativo no es más que un empujón de ánimo, una señal que te da la realidad para que sigas persiguiendo tus sueños. Y que aunque al principio no entiendas el por qué, es sólo una cuestión de tiempo hasta que las razones se te presenten claras. Que tuvieras la certeza de que sobre el cielo gris, oscuro y nublado, brilla un Sol hermoso y resplandeciente.

Me gustaría que fueses apasionada. Que miraras al mañana con ilusión, pero sin darlo por seguro. Que vivieras el presente como si el último día fuera pasado mañana.

Que lo cuestionaras todo. Que no dejaras que el tiempo te engañara con verdades que sólo son mentiras antiguas, sino que usaras tu inteligencia para dudar, contrastar y sacar tus propias conclusiones. Y aún así, que estuvieras lista para volver a dudar cuando tus conclusiones fueran obsoletas, o demostradas en el error.

Me gustaría que apreciaras la belleza en todo lo que te rodea.

Que sólo vieras lo bueno de cada persona, de cada cosa, de cada sentimiento. Que te estremecieran los atardeceres, el arcoíris, el sonido de la lluvia, el resplandor de la luna llena, el olor a tierra mojada, el brillo parpadeante de las estrellas en una noche clara, el vuelo caprichoso de las mariposas, el baile hipnótico de las olas del mar.

Me gustaría que me quisieras. Que estuvieras enamorada de mí y me lo hicieras sentir cada día al menos un ratito. Que al tocarme me hicieras vibrar de una mezcla de emociones. Que tu llanto, al igual que tu risa, fuera dulce y contagioso. Que fueras feliz, aunque eso significara abandonarme por otra persona. Que el día que ya no me quisieras no me lo ocultaras. Querría que ese día fueras impasible conmigo, sin importar mis sentimientos o el pozo oscuro en el que pudiera quedar atrapado. Pues tu felicidad sería para mí lo más importante.

Me gustaría conocerte, ver tu cara, oler el perfume de tu cuerpo. Mientras tanto, tú seguirás siendo una ventana de chat en internet y yo seguiré deseando que seas como me gustaría.

UN INSTANTE

Abrió la ventana y, desnudo, salió al balcón. La noche estaba clara; el cielo coronado por una luna llena a la que cortejaban todas las estrellas. A lo lejos se distinguía el campanario de la torre de la iglesia, y en ella las cigüeñas, posadas en sus nidos majestuosos, se comunicaban emitiendo sonidos secos con sus picos.

Extendió los brazos en cruz y dirigió su mirada hacia el infinito. La brisa era templada. Sintió en su piel la radiación del cosmos: pulsátil, eterna, infinita. Una estrella fugaz recorrió veloz el firmamento, dejando una estela plateada a su paso. Fue tan breve ese instante que no le dio ni siquiera tiempo a pedir un deseo, pero deseó de todas formas que el mundo encontrara la paz, sin saber si el Universo le concedería tal ingenuidad.

Fue consciente de que podría haberse perdido este espectáculo de silencio y belleza infinita, de noche negra y luna clara, de hermosura y tranquilidad. Podría haberse quedado en la cama, sin hacer caso a ese impulso que le hizo salir de su letargo, dejar sus sueños, y dirigirse a oscuras hacia la ventana.

Empezó a escuchar el sonido de las hojas en las ramas mecidas por el viento. Al prestar atención comprendió que contaban historias de primavera. No le temían al otoño, y supo que eran árboles de hojas perennes. Las pisadas de un animal, primero sordas, después arañando el asfalto, precedieron a un perro de mirada lánguida y solitaria que se paró en la esquina, la olió, y continuó su camino decidido, como haciendo guardia, como comprobando que su territorio seguía siendo suyo. Desapareció, tal y como había aparecido, al doblar la esquina siguiente. Aprendió del perro que la tristeza puede vivir enconada en lo más profundo de una mirada; que para morir solamente hace falta estar vivo.

De repente, tal vez proveniente de un rincón muy hondo en sus adentros, sintió una pena que le hizo llorar. Pensó en todas esas almas que se levantarían por la mañana a un mundo de sufrimientos, de carencias, de persecución y de muerte. Sintió en sus entrañas toda la injusticia multiplicada por la cobardía de los revolucionarios que no se atrevieron nunca a levantarse para reclamar lo que se les había robado. Un escalofrío le quebró en dos el alma, y sus lágrimas se secaron de golpe. Un olor imaginario a desolación, a pólvora y a soledad, le arrancó una mueca de disgusto. En ese instante se levantó el viento, borrando toda la tristeza de su balcón. Vio la vida de color y la pena se difuminó por todo el espacio que le rodeaba, como una onda vibrante, como una explosión silenciosa, como un gemido que acaba por ensordecerse en la distancia. Una mariposa blanca, perdida en la noche, confundida tal vez por la soledad de esa calle, voló por delante de él presumiendo de su belleza.

Recordó a sus amigos. La felicidad invadió sus labios en forma de sonrisa tenue. La alegría de la verdadera amistad le levantó el ánimo de nuevo mientras hurgaba en su corazón buscando pedacitos de amor, momentos vividos que quedaron atrás para nunca más volver. Y a la vez supo que la esperanza vivía al doblar la esquina; que sólo tenía que salir y pegar a su puerta para que se le abriera un mundo de sentimientos adormecidos en algún lugar del presente. Quiso a sus seres queridos, y por extensión, a todas las cosas vivas. Supo lo afortunado que era al tener muchos hombros en los que llorar, muchas manos que lo sujetaran cuando andaba peligrosamente por el abismo. En ese instante sintió un inmenso vacío en sus adentros, pues se dio cuenta de que nunca podría transmitir esto que ahora le estremecía. Aunque predicara toda una vida con palabras adornadas; aunque escribiera mil poemas en los pétalos de mil margaritas; aunque cantara canciones que nunca nadie supo escribir; aunque viviera diez vidas dedicadas a ello. Pues sólo el que abre los ojos a la mañana y pide con el corazón recibirá todo lo que tiempo atrás nos fue negado en ese día en que el hombre perdió la razón de su existencia. Sólo el que recita los versos de la locura con el alma tranquila podrá saber que es parte del todo, y que el todo le pertenece; podrá pedir sin miedo al fracaso y vivir con inocencia, como si nunca hubiera aprendido nada de haber vivido; podrá compartir hasta la última esencia de su ser, y a la vez, tener más que nadie. Sólo el que sabe entender el canto monótono de los grillos en las noches de verano conseguirá ser eterno y liberarse del ego para ser, a la vez, una y todas las cosas.

Otra estrella fugaz dibujó una estela de plata en el firmamento, esta vez más lentamente. Pidió que todas las criaturas que existen bajo el Sol pudieran algún día ser testigos del tiempo, y que ese mismo tiempo les abriera sus mentes al estado que él había alcanzado.

EL BARCO

La vida en un barco es como la vida en una pequeña ciudad. En cuanto a zonas de residencia se refiere, el barco está dividido en áreas de pasajeros y áreas de tripulación. Cada una de estas zonas es independiente en cuanto a funcionamiento. Cada una de estas áreas tiene su comedor, o comedores, su gimnasio, su sitio de recreo, sus habitaciones... Como pequeños barrios, el laberinto de pasillos se asemeja como he dicho antes, a una pequeña comunidad flotante. Aquí en el barco todos nos conocemos, y a diferencia de la sociedad en tierra, todos trabajamos por un bien común y todos dependemos de todos. No hay democracia, pero tampoco hay tiranía. Es un entendimiento superior a todo eso, más allá de sistemas sociales y penas de muerte.

El contacto con el mundo exterior es una especie de ilusión. Cada día despiertas en un puerto nuevo, en otra ciudad, en otro país. Algunas veces, cuando cruzamos algún océano, nos pasamos varios días en alta mar rodeados hasta donde alcanza la vista de agua, viento y atardeceres de colores que no existen en tierra. Y este es todo nuestro universo.

Más allá del horizonte está el límite hacia una nueva dimensión, que a diferencia de todas las dimensiones inimaginables, tiene un alto, un ancho y un largo. Más allá del horizonte existen infinitas posibilidades para explicar lo que podría ser. Como cuando con los ojos cerrados conjeturas lo que te encontrarás al abrirlos, todo lo que ha sido y todo lo que será se esconde detrás de esa línea inalcanzable donde se besan el cielo y la mar. La mayoría de las veces ni siquiera puedes situarte en un mapa, y la verdad, la localización geográfica no se considera necesaria. Al menos si no trabajas en el puente de navegación.

Las noticias de ese mundo exterior, que existe, que está ahí aunque sólo podamos soñar con él, llegan en forma de canales de información. No se puede comprar el periódico por la mañana, y no se puede elegir el telediario de tu cadena favorita. Existe un canal de noticias, que a veces, por problemas de telecomunicaciones, es imposible seguir. Cuando este canal funciona bien, las noticias son siempre las mismas: tantos muertos aquí, tantos heridos allí, la bolsa cae en picado, y con ella el banco en el que tienes tus ahorros…

Apagas la tele jurando no volver a encenderla jamás. Te acabas dando cuenta de que se es más feliz, muchísimo más feliz, en el desconocimiento, en el abandono del mundo exterior, en la creencia de que todo está bien ahí fuera, sin que los noticiarios te den esas bofetadas de dolor y rabia. Esta forma de ignorancia, de falta de facturas y de llamadas de teléfono de algún vendedor empedernido, es en sí una de las muchas formas en las que se presenta la felicidad.

Y así transcurren los días. Y no se hacen largos ni agobiantes. Te levantas por la mañana y te vas a trabajar. Después a tomar un café y a hacer un poco de vida social. La mayoría de las veces con otros miembros de la tripulación, a veces con pasajeros. En ocasiones se toma más confianza con algunos de estos pasajeros, que como viajeros aventurados en un país extraño, traen mensajes, historias de ese mundo exterior que existe más allá del mar, en nuestras mentes, en nuestros sueños y en nuestras ilusiones.

El almuerzo es en sí otra forma de socialización. Como ves, existen muchas en este espacio aislado. Trabajas de nuevo por la tarde, y por la noche vas a ver los espectáculos, el cabaret, o simplemente a tomarte una copa sin alcohol con los músicos, los artistas, o algún que otro pasajero con el que compartes mesa.

Lo que más sobra es tiempo. Ese lujo tan precioso en tierra firme, aquí abunda por todos los rincones. Allá donde remuevas encontrarás tiempo, sin prisa, eterno, y sin el aburrimiento que se asocia a tanta plenitud de ratos. Y lo usas como quieras: para aprender lo que te propongas; para pensar en las mil razones de cada cosa, para cada conclusión; para jugar con paranoias divertidas que, sin ser patológicas, no dejan de ser paranoias enredadas; para escuchar a los pájaros contándote sus historias; para estudiar meticulosamente la trayectoria de las nubes; para observar a las gaviotas presumiendo de saber el camino, guiándonos hacia el próximo puerto. O simplemente para ejercitar el poder de la mente, para buscar respuestas más allá de las respuestas, más allá de la razón y de la locura. Y no hay límite para todo esto. Todo es infinito, todo es bello y acompasado. Todo empieza y acaba en ti. Todo es posible, y a la vez un sueño. Todo eres tú.

Cuando vives en un barco es sencillo perdonar. Cuando vives a bordo se hace fácil olvidar. Olvidar tu pasado, tu vida en la sociedad donde viven los que no son marineros, dejarse llevar por el hoy sin importar el puerto al que lleguemos mañana, al otro día o dentro de una semana. Porque el destino no es lo importante: lo que importa es navegar, surcar las aguas misteriosas que cubren el abismo, mecerse en las olas, admirar los anocheceres buscando delfines juguetones, ballenas en tránsito o icebergs a la deriva. El olvido se extiende hasta al amor que se deja atrás, esperando; ese amor que tanto se añoraba al empezar la travesía, se va difuminando en el aire salado, en el brillo del mar, en las noches sin estrellas, hasta convertirse en algo lejano, en un pensamiento de cuya veracidad se duda, de cuya existencia no se está seguro al despertar. Y así es fácil confundir sentimientos firmes con ilusiones pasajeras. Así es fácil sonreír por motivos completamente distintos a los que eran motivo de nuestra sonrisa en tierra. Y es fácil entender cómo el amor puede surgir de nuevo, sin resistencia, con sólo dejarse llevar. Por muchas promesas y muchos compromisos que se hayan dejado atrás. Por mucho que nos resistamos. Porque cuando vives en un barco, sólo existe el presente, el ahora y el yo, y todo lo que una vez fue, se va quedando atrás.

DESPERTAR

La luz que entra por mi ventana me saca lentamente de mi letargo. Poco a poco, lo que estoy soñando se va volviendo transparente, nublado, borroso, para dar paso a esa oscura claridad que se percibe con los párpados cerrados. Siento la decepción de un sueño bello y cálido, lleno de ilusiones y esperanza, que se va por la ventana como una paloma blanca de paz y consuelo, moviendo las alas suavemente, llevando una margarita en el pico. Entonces recuerdo que ella duerme a mi lado. Una sensación de felicidad se apodera de mí, haciendo que haya merecido la pena despertar.

Mis ojos siguen cerrados. Cerrados a la mañana, a la luz, al presente, a todo lo que me rodea, a lo que nos rodea. Sonrío anticipando que al abrirlos, ella estará a mi lado. Dormida, silenciosa, respirando levemente. Con una expresión ajena a todas las desgracias que están ocurriendo en este, nuestro bello mundo, ella sigue perdida en el mundo de los sueños, meciéndose con ternura en los brazos de Morfeo.

Abro mis párpados y la luz irrita mi retina. El iris de mis ojos, relajado al máximo, se contrae en un intento vano de cerrar mis pupilas como protección. Instintivamente, cierro los ojos de nuevo para volverlos a abrir lentamente a esta realidad, a estas tres dimensiones que puede procesar mi cerebro humano. Como una revelación, como un humo que, difuminado en el espacio, vuelve a su punto de origen, su cara se me aparece, entre las sábanas y la almohada, entre en los halos de luz, entre mi mundo de vigilia y el suyo, cualquiera que sea ese lugar por donde deambula su mente.

Y allí está ella. Dormida a mi lado, su boca entreabierta, sus mechones de pelo cobrizo cubriendo su cara. Lentamente me vuelvo hacia mi costado, apoyando mi codo en la almohada, reposando mi cabeza en la palma de mi mano. La miro con ternura, y me digo a mí mismo que daría mi vida por nunca verla triste, por no ver sus ojos húmedos llorando una pena que yo hubiese causado arrancando de su corazón un pellizquito de felicidad. Aunque sólo fuera una pena pasajera. La miro y me veo con ella, siempre, despertando como hoy a su lado, sabiendo que puedo tocarla con sólo alargar la mano, que puedo besar sus labios rosados, y que ella, aún en sueños, respondería a mi beso con un movimiento leve de su boca; que puedo tocar su piel suavemente, sintiendo a través de las yemas de mis dedos todo su calor, su cariño, su pasión, su fuego.

En un gesto calculado, retiro el pelo de su cara y lo coloco detrás de su oreja. Sus pendientes, esos pendientes que siempre lleva puestos desde que se los regalé, cuelgan en posiciones caprichosas. Acerco mis labios lentamente a los suyos. La beso unos instantes, y tal y como yo había imaginado, ella me responde con otro beso tierno, instintivo. Mis vellos se erizan. Ella se mueve ligeramente, amenazando con despertarse, pero sigue dormida. Morfeo aún no está dispuesto a dejar de abrazarla. Y no lo culpo.

La vuelvo a besar, esta vez mi mano en su cara, mis labios presionando ligeramente contra los suyos. Ella vuelve a devolverme el beso. Abre los ojos. Esos ojos azules que llevan tatuados la profundidad del mar, la inmensidad de los océanos, la claridad del cielo en una mañana de Agosto, la luz de todas las galaxias del Universo conocido. Enfoca la vista y sonríe al verme. Me dice sin palabras que se alegra de despertar a mi lado, de que la haya devuelto a la realidad tan sutilmente. Morfeo se da por vencido, y se marcha derrotado al lugar donde reside cuando ella está conmigo, pues sabe que su poder no tiene fuerza en la vigilia.

Me besa con ternura. Al despegar nuestros labios se retira de mí para no verme doble. Perezosa, mira mis ojos leyendo mis secretos, adivinando mis pensamientos. Esboza una sonrisa unos segundos. Parecemos dos enamorados mirándonos frente a frente, sonriéndonos mutuamente. "Te quiero" son sus primeras palabras. Como cada mañana. Las primeras que pronuncia, las primeras con las que empieza un nuevo día, las primeras que me dedica a mí, a la casa, al mundo, al Universo. "Te quiero", son también las mías.

CREO

Creo en mi padre y en mi madre porque ellos, solitos, me trajeron al mundo.

Creo en el Sol, porque nos regala sus caricias y nos da la vida con su calor cada mañana. Creo en su romance platónico con la Luna, esa princesa de las mareas, de las cosechas, de los ciclos menstruales y de las criaturas de la oscuridad. Creo en la luz del nuevo día que por la mañana vence a las tinieblas y al frío de la noche.

Creo en mi ventana, en mi balcón y en mi azotea, pues desde ellos puedo divisar hasta donde alcanza la vista. Me ofrecen espectáculos distintos cada día, a cada cual más hermoso. Son la puerta a la extensión de mi yo, a la unidad que somos todos.

Creo en mi mismo, pues sin mí no sería nada. Creo en mi libertad y en mis actos, en mi ilusión por seguir adelante; en mi poder para cambiar los hilos de la realidad con los que tejo mi futuro. Creo que los sueños son más que sueños.

Creo en la gente que es consciente de que la unión hace la fuerza; en la que adora su tiempo como el lujo más preciado. Creo en las personas que concluyen una risa con una palmada en el muslo, y en las que sacan un pañuelo del bolsillo para sonarse la nariz o secarse las lágrimas, pues estos son gestos entrañables por los que se reconocen a las buenas personas. Creo en todos aquellos que tienen la valentía de darle la espalda a un provocador agresivo. Más aún los que saben derivar una confrontación violenta en una conversación razonada. Creo en los que saben que los insultos son sólo palabras, sin poder destructivo alguno.

Creo en la amistad, pues es inmune al tiempo y a la distancia. Es también lo que queda cuando no queda nada.

Creo en la Ley de la Atracción, en el pensamiento positivo, en el poder de la mente. Creo en auras y en conciencias globales a punto de despertar. Creo en la vida extraterrestre, en la expansión del Universo, en la vulnerabilidad de nuestra existencia. Creo en las buenas intenciones, en la inocencia de los niños, pues aún no han olvidado. Creo en el amor, en la mano amiga, en el beso de buenas noches, en todas las sonrisas sinceras, las pegadizas, las que te alegran el día y hacen que el Sol brille un poquito más en el cielo. Creo que la mentira ha conseguido por fin disfrazarse de verdad. Hay que estar atento.

Creo que los que se preocupan en exceso por el mañana deberían más preocuparse por los que, negados de un futuro, sólo tienen el presente. Creo que cada persona tiene un don: los mejores no son sino aquellos que han tenido la suerte de cultivar el suyo propio.

Huele ya a café y a pan tostado en la cocina. Creo que debería levantarme de la cama.

EL CEMENTERIO

El cementerio es el lugar a donde se va para aprender sobre la vida y sobre la muerte. Las arenas de sus callejuelas emanan tristeza, pues han sido regadas continuamente con trillones de lágrimas siempre cargadas de pena. Las hierbas que se alimentan de esta agua tan llena de dolor no tienen fuerzas para dar flores, ni siquiera en primavera.

La cabalgata comienza su recorrido a pie. El féretro a hombros de familiares y amigos, conmovidos, mordiéndose los labios bajo el cuerpo de un ser querido: un padre, un hermano, un amigo, tal vez los tres a la vez, como una trinidad humana, pues se cuenta que dios nos hizo a su imagen y semejanza. El ataúd se coloca en el andamio eléctrico, y de ahí al nicho que, abierto y complementado con una lápida de cemento, espera abierto para comerse de un bocado toda una vida, mil ilusiones, diez mil desgracias, amor y heridas. Será la última vez que estos sepulcros vean la luz en muchos años, pero no les importa: fueron construidos para albergar cuerpos, sin discriminaciones de sexo, raza o nacionalidad. Cuerpos que una vez vivieron, y pudieron contemplar el mundo a su alrededor; cuerpos que cultivaron la mente y compartieron ideas; que tuvieron el mundo a sus pies y lo rechazaron por un beso. Cuerpos que pusieron nombres a las olas; que hicieron felices a muchos otros con pequeños y grandes gestos; que supieron que lo que en realidad tenía valor era el momento. *"No somos nada"*. Siguen coronas: *"Tus hijos y esposa no te olvidan"*, y ramos de flores hermosas que no nacieron para tan lúgubre final. El sepulturero sella con cemento fresco la lápida anónima y la termina trazando dos líneas perpendiculares a modo de cruz cristiana. Finalmente, con gesto solemne, el enterrador se persigna. Dios se ha cobrado otra alma. El diablo perdió de farol esta vez.

La cabalgata entra en el cementerio. Al ataúd lo siguen los familiares directos: unos lloran desconsoladamente; otros están anestesiados de tanto dolor; algunos desfallecen en el recorrido y sólo la ayuda de otros samaritanos prestando sostén hace posible que puedan seguir este camino de tantos calvarios. El resto de familiares y amigos sigue la procesión, ciegos por el Sol de la mañana deslumbrando sus ojos abarrotados de lágrimas, guiados tan sólo por los gemidos de desconsuelo. Cada paso a seguir en este protocolo se acompaña de gritos y suplicios. Hasta que por fin, el gesto solemne y la persignación del sepulturero culminan el ritual. Se baja el telón de la divina tragedia, y todos quieren abrazar y besar a la viuda y a los hijos. Transmitirles ese poquito de empatía, tal vez aspirarles una dosis de pena, quitarles algo de peso, hacer más llevadera su cruz. La multitud se dispersa. A partir de ahora el difunto sólo vivirá en sus memorias. Solamente hallarán consuelo en el recuerdo de historias compartidas. Sus almas estarán afligidas un tiempo; después aprenderán, si no lo habían hecho en experiencias pasadas, que hay que dejar ir. Entonces la persona que se ha ido se vuelve inmortal, pues sus hazañas se contarán con cariño para que muchos las oigan y comenten *"no somos nada"*.

De vuelta a la salida del cementerio, las tumbas abiertas nos recuerdan que nos siguen esperando, con tanta o más hambre que la que se acaba de cerrar. *"No somos nada"*. Nos susurran que el momento es ahora, que mañana es demasiado tarde. Nos muestran su espacio reducido para que comprendamos que no hay en ellos espacio para nada más, ni siquiera un pensamiento. Es ahora o nunca. Carpe diem. Vive el momento.

DE UN SOPLIDO

Cerró los ojos y dejó que su mente cabalgara libre. Al cabo de pocos segundos, un flujo intenso, rápido y desordenado de pensamientos invadió su conciencia. Ideas reprimidas reían en voz alta al haber escapado de ese lugar de la memoria donde se guardan los recuerdos ingratos. Experiencias olvidadas volvían al presente, al ahora, al yo. Sentía como una molestia negra, penosa y sufrida se hacía dueña de todo su ser. Pensó que no podría resistirlo mucho tiempo. El dolor enterrado volvía a correr por sus venas, envenenando el corazón con un ácido capaz de matar a los más fuertes.

Dejó que su mente siguiera libre. Permitió un rato más que afloraran los sentimientos de muchos días, de muchas lágrimas, mientras empezaba lentamente a enfocar los sentidos en su respiración.

Inspirar lenta y profundamente. Aguantar la respiración unos segundos. Expirar pasivamente, dejando que el agobio difundiera al aire de los pulmones. Dejar que ese aire corriera por la tráquea, por la laringe, por la nariz. Al final de la expiración, todo ese agobio quedaba expulsado. Repetir el mismo ejercicio cuantas veces sea necesario.

Al poco tiempo, su mente paró. Centelleos blancos, luego de colores, aparecían al azar en el fondo oscuro de su pensamiento. Su respiración se hizo lenta, acompasada y consciente. Toda la tensión en los músculos de su cuerpo se iba disipando progresivamente, hasta quedar relajado de la manera que sólo la experiencia y la práctica de la meditación pueden lograr.

Necesitaba reflexionar. Encerrarse en sí mismo, desconectar del mundo exterior, dejar que salieran de sus escondites los motivos de su pena, esa tormenta en su paz interior que había derrumbado en poco tiempo su felicidad. La meditación, ese estado de concentración profunda, de reordenación de la mente, tiene la capacidad de dejar aflorar ideas, pensamientos de los que no somos conscientes, pero que continuamente afectan nuestro presente y nuestro vivir, oscureciendo el color del cristal por el que vemos la realidad. Meditando es posible adquirir conciencia de uno mismo, e identificar conductas o cualidades a las que nos intentamos resistir por considerarlas inaceptables o inapropiadas.

Una vez identificadas estas resistencias inconscientes, podemos aceptarlas como lo que realmente son: polos opuestos de las cualidades que nos hacen la persona, la entidad, la energía física que somos. No seríamos buenos, si no tuviésemos algo de maldad. No seríamos generosos si no tuviéramos una pizca de egoísmo: ser conscientes de esta dualidad, y de esta resistencia, nos da el poder de controlar el polo negativo, y cultivar el positivo. Hacer de nosotros mismos una persona mejor es sólo cuestión de ser conscientes de nuestras cualidades y de nuestros defectos. Incluso de reciclar nuestros defectos en virtudes.

Porque todo lo que existe es una sola cosa, aunque crezcamos en un mundo de divisiones artificiales. Aprendemos a entender el Todo como individualidades para que nuestra mente pueda funcionar. Si consideramos el Universo como analogía, podríamos empezar por definir al Sol. La definición aceptada en nuestro mundo de divisiones inventadas es que el Sol es esa estrella que brilla en el cielo durante el día, y su límite es el círculo brillante que nos da calor. Pero esta definición es sólo artificial, como todas las individualidades materiales, creada para ayudarnos a entender mejor lo que nos rodea. Si definimos el

Sol por su calor, nos damos cuenta de que la Tierra es parte del Sol. Y si lo definimos por su luz, el Universo conocido, el que podemos ver, es parte de nuestro astro rey. Si cambiamos el límite de nuestra estrella a su campo gravitatorio, al ser la gravedad infinita, el Universo entero, conocido y no conocido, visible e invisible, formaría parte del Sol. De la misma manera, nuestro Sol sería parte de todas las estrellas que adornan la belleza de la noche, y de todas esas cuya gravedad nos afecta de alguna manera. De esta forma, todo lo que existe es una sola cosa. Por eso luchar contra nuestra maldad es una batalla que siempre acaba en derrota. Pues nuestra maldad forma parte íntima de nuestra bondad. El secreto está en ser conscientes de nuestro defecto, por pequeño que sea, y aceptarlo, aprender a vivir con él, modulándolo a nuestro antojo, incluso sacándole provecho, transformándolo en una cualidad.

Gracias a estos ejercicios, gracias a todos esos años de aislamiento en el yo interior, había logrado suprimir el odio. Borrando la palabra de su vocabulario había conseguido exterminar el concepto. Pues odiar conlleva un desgaste de energía, un esfuerzo innecesario. Ahora simplemente ignoraba, tachaba de su vida esos acontecimientos o a esas personas que normalmente evocarían sentimientos de odio.

Gracias a la meditación había logrado ponerse siempre en lugar de los demás, en el punto de vista de sus adversarios, pudiendo así comprender mejor a todas las personas. No venimos al mundo a sufrir, sino a cumplir objetivos, a ser felices, a compartir nuestro amor, a desear y que nos sea concedido. Meditando se había dado cuenta de que las preocupaciones no tienen lugar en nuestro presente, de que sólo atraen más preocupaciones, enturbiando una existencia que tendría que ser, por naturaleza, gratificante, llena de esperanza y de ilusiones. Que el futuro se construye a base de momentos de nuestro presente. Y que depende de cómo nosotros queramos que sean esos momentos. Tenemos por tanto el poder de fabricar nuestro destino, según como vivamos el hoy.

También había aprendido a escuchar al viento, a las olas del mar, al canto de los pájaros. Pues todos los fenómenos de la naturaleza tienen mil historias que contar, mil aventuras de las que aprender algo nuevo. Sólo hay que cerrar los ojos y escuchar con el corazón y los sentidos abiertos. Por esta misma técnica, había encontrado esas características que hacen iguales a los hombres. Meditando sobre principios budistas, había llegado a entender que fuera de razas, religiones y nacionalidades, lo que nos hace a todos iguales es nuestra forma de buscar la felicidad, y nuestro deseo de evitar el sufrimiento. Primero tuvo que darse cuenta de esto en él mismo, para después poder aplicarlo a todo lo que existe. De esta forma podía suprimir toda desconfianza, y sentirse seguro rodeado de desconocidos. De esta manera podía amar a todo el mundo, y percibir el mundo como un lugar bello y maravilloso. Por supuesto, esta forma de vivir y de entender lo que le rodeaba lo dejaba indefenso ante los depredadores. Esta manera de ser era el motivo de su tristeza presente: había abierto su corazón a una mujer que lo utilizó. Había llorado lágrimas amargas hasta irritársele las mejillas, el corazón y el alma. Sabía perfectamente que era su forma de ver el mundo lo que lo había hecho vulnerable, lo que había permitido que se abrieran heridas por las que se infiltrarían el dolor, la pena y la tristeza. Y meditaba sobre ello.

Cuando finalmente llegó a una conclusión abrió los ojos: lloraría mil veces más las lágrimas de la tristeza; permitiría que las mismas heridas se abrieran de nuevo; dejaría que el dolor perturbara su calma todas las veces que hiciera falta. Pues esto significaría que él era todavía él, inalterado, íntegro y feliz. Viendo el mundo como un lugar bello y seguro. Con la ilusión en sus ojos, la vida en su sangre, la pasión en su alma, la curiosidad en su mente.

Ahora era más fuerte, y valoraba más su propia felicidad, pues ahora sabía que podía ser destrozada cruelmente, más fácilmente que un castillo de naipes, de un leve soplido. Volvería a caer sonriendo, y se levantaría de nuevo a por más. Y jamás dejaría que nada ni nadie lo hicieran cambiar.

LA CHIMENEA

Mi novia no me deja fumar en casa. Ella no fuma, y detesta el olor del tabaco. Al principio, cuando nos fuímos a vivir juntos, fumaba fuera, pero el frío y el viento británicos acabaron por forzarme a negociar un lugar más propicio para echar mis cigarritos, sin dejar olores, y sin más perjuicio para mi salud que la propia mierda que me estaba fumando.

En el salón hay una chimenea. Es una casa victoriana en muy buen estado de conservación. Si enciendes una bengala de humo junto al hogar, todo el humo es aspirado hacia arriba, por el tragante. Así que tras demostrarle científicamente a mi novia con el humo de unas cerillas lo eficaz que era el efecto de succión, y teniendo en cuenta las graves consecuencias para mi salud que conllevaban matar el mono a la intemperie, convenimos que yo podía fumar sentado junto a la chimenea, asegurándome que el cigarrillo estaba siempre lo bastante cerca del tragante, y que todas mis exhalaciones de humo apuntarían hacia ahí.

Al principio no me di cuenta de nada: sólo escuchaba unos silbidos atenuados al sentarme en la moqueta a fumar. Me parecía en ocasiones escuchar mi nombre en un susurro lejano. A los pocos días comprendí que se trataba del viento creando vacio dentro del tragante, murmurando cambios de presión en la atmósfera, y comencé a prestar atención, a sentir su presencia pasajera, a escuchar sus sonidos. A las pocas semanas comencé a entender su lenguaje. Ahora aprendo mucho escuchándolo por la chimenea.

Nunca me había parado a pensar lo que se puede aprender escuchando al viento. Hablando por una laringe gigante, modulando los sonidos para formar significados. El viento es muy sabio, pues ha viajado mucho, y ha visto más cosas que cualquier mortal. También ha tocado todo lo tangible, y ha cambiado de forma y densidad, para subir y también ver las cosas desde lejos, desde las alturas. Así, el viento ha tenido más puntos de vista que nadie o que nada. Si la sabiduría se define como el grado más alto del conocimiento, puedo afirmar que el viento es sabio.

Le pregunto muchas dudas, muchas inquietudes. Pacientemente, responde a mis interrogantes. A veces, incluso sin que yo le pregunte. Creo que ya me conoce y por eso se anticipa a mí. Otras veces me hace imaginar, o me deja con explicaciones a medias, para que reflexione mi propia posición. Espero con impaciencia su vuelta para exponerle mis conclusiones. Me hace ver que me equivoco a menudo, siempre por falta o de la información o de la experiencia necesaria. Ahora sé que no hay discusiones, sino personas defendiendo posturas desde un conocimiento incompleto.

Hace poco hablábamos del sufrimiento. Me sintió triste, y me dijo que no tratase de entender el sufrimiento. Que no perdiese tiempo lamentándome por todos los que sufren, sino que dejara que la compasión me moviera a actuar. Me contó que en el mundo hay sufrimiento porque los hombres lo quieren. Así que debía concentrar mis esfuerzos en desear que nadie sufriera. Si todos los hombres desearan la felicidad a todos los demás hombres, el sufrimiento se extinguiría de inmediato, como la llama de una hoguera, que sólo sigue viva porque seguimos alimentándola con leña seca.

Ahora ya no fumo, pero todos los días me siento junto al hogar, porque me encanta escuchar al viento. Y todos los días aprendo algo nuevo. El viento es muy sabio, y es capaz de enseñar desde la imparcialidad, sin juicios ni prejuicios.

TRES POEMAS

I

Tu ausencia es ese matiz de mi soledad que define el fuego que me consume. Las horas más largas son interminables cuando el reloj, el impaciente reloj, se mueve en tu ausencia.

La amargura a la que estoy acostumbrado invade aún más mis ojos, rendidos de una búsqueda que sólo encuentra fugaces espejismos.

Mi voz, callada y resignada, murió en el instante en que tu último beso me susurró aquel adiós.

II

Mi alma está cansada de navegar por desiertos vacíos en los que no estás tú. Nunca esperar se me hizo tan largo.

Los rincones de este espacio, en el que tú no habitas, no entienden de tiempo sino para aumentar esa melancolía de mí que ni siquiera tú conoces.

Los días apáticos retrasan el avance de las agujas de mi reloj, en un juego cruel que nadie entiende. Los conjuros de los minutos, de las horas aumentadas, son mi vivir y la fuente de mi tristeza.

Me voy muriendo en este pozo oscuro en el que he hecho mi casa hasta que llegues.

III

Un momento fugaz se posó en mi ventana, como llegado de pronto, como una voz en la nada. Me trajo ramas de olivo, y canciones bonitas.

Un relámpago en llamas se asomó a mi balcón. Me cogió de la mano, acariciándome. Me dio su tiempo, me dio sus labios y se marchó.

Una flor encantada llegó volando, abrió sus pétalos, me dio su risa. Dejó su olor entre mis sábanas, dejó sus huellas en mi rincón.

Un suspiro perdido me derrotó, me habló al oído, me contó cuentos para dormirme. Quebró mi letargo de tiempo ha.

Una lluvia de besos me sorprendió, en ese instante en que todo calla.

KUALA LUMPUR

Había llegado al aeropuerto a las nueve de la mañana, todo trastornado por el jet-lag tras pasarme catorce horas encajonado en un asiento de avión, clase turista. El hotel estaba ya reservado, y Ana llegaría unas horas más tarde. Habíamos quedado el día anterior, a miles de kilómetros de distancia de nuestro destino, en que nos encontraríamos en un hotel en Kuala Lumpur, como el que queda en el bar de la esquina para tomar un café.

Al salir del aeropuerto me avasallaron varios tipos ofreciéndome cambio de moneda, taxi, u hospedaje. Me abrí paso como pude entre esa multitud y busqué un taxi en la parada. Tras negociar el precio, nos pusimos en marcha para recorrer los noventa kilómetros hasta la capital de Malasia. El calor era pegajoso como yo no había experimentado antes. Era mi primera visita a los trópicos. La vegetación que se distinguía a ambos lados de la autopista era tan fascinante como desconocida para mí. El cielo estaba despejado y de un azul claro clarito. El taxista puso el aire acondicionado, se encendió un cigarrillo y empezó a hablarme sobre la historia de su país, y muy orgulloso, sobre la marca nacional de coches Protos. Hablaba inglés con acento mandarín cerrado, y yo tenía que esforzar la oreja al máximo para entender lo que me decía. Al llegar a nuestro destino, me ofreció su tarjeta de visita por si necesitaba cualquier cosa durante mi estancia. Por supuesto, por *"cualquier cosa"* entiéndase prostitutas.

Llegué al hotel, dejé mis cosas, y mareado de la diferencia horaria, salí a la calle a comer algo. El hotel estaba en pleno centro del barrio chino y la actividad era frenética: puestos de comida y zumos por todos lados, humo y olores que salían de puestecillos que cocinaban carne seca o servían zumos de frutas que preparaban allí mismo. Me metí en el primer recinto que encontré que tenía menús en inglés, pedí unos tallarines con pollo, setas y espinacas, y me senté a comer. Estaban exquisitos y me perdí en los sabores.

Llevaba varios minutos sentado, concentrado en el sentido del gusto, mirando al plato. Levanté la vista al darle un sorbo a mi cerveza. La gente en el recinto, todos orientales, estaban mirándome y murmurando. Al principio me sentí bastante incómodo. Más tarde me di cuenta de que les resultaba extraño tener un occidental comiendo entre ellos.

Terminé de comer, me quedé un ratito dándole sorbos a la botella y me fui, sonriéndoles amigablemente a todos. Me dolían los ojos como duelen los ojos cuando amanece y te pilla el Sol por la calle volviendo a casa tras una noche de borrachera. Llegué al hotel y caí rendido en la cama.

Me desperté con el sonido del teléfono. Era Ana. Estaba en recepción. Habían pasado ya cinco horas desde que me acosté. Bajé a por ella y la ayudé a subir la mochila.

Ana se acostó unas horas y yo aproveché para pasear por el centro, buscando bares para la noche y localizando los mercadillos. No tuve que andar mucho para encontrar lo que buscaba. Estábamos en todo el corazón de la ciudad. El calor seguía siendo húmedo, pegajoso, agobiante. El olor a alcantarilla inundaba las calles.

Volví al hotel pasadas unas horas, desperté a Ana, nos duchamos y salimos frescos y listos para la acción. Paramos a comer en uno de los muchos locales que ofrecían comida. De hecho paramos en el único donde no había un tipo en la puerta poniéndote el menú en la cara y casi obligándote a entrar. Al final tuve que devolver la sopa cuando me di cuenta de que tenía un gusano flotando en ella.

Una vez comidos, nos dirigimos hacia un garito llamado "Jamaica" al que le había echado el ojo unas horas antes. Banderas tricolores y fotos de Bob Marley por todos lados. DJs poniendo musiquita y jarras de *caipirinha* tiradas de precio. Tardamos un cuarto de hora en tener esa traba en la lengua que significa que estás borracho, sin casi darnos cuenta, y decidimos ir a una discoteca a bailar de verdad. Obviamente no teníamos ni idea de a dónde ir, así que le preguntamos al DJ. Nos señaló a un tipo hindú con bigote que estaba por el bar. Nos dijo que era de confianza, y nos fuimos a hablar con el tipo, que estaba bebiendo con otro chaval, también hindú, y también con bigote. Enseguida se ofreció a llevarnos a los mejores sitios de la ciudad. Y considerando que era un día entre semana, cumplió su promesa como el mejor.

Al llegar a su coche, abrimos la puerta para encontrar a un filipino de unos veintipocos años, pelo largo y rostro delicado, casi femenino, durmiendo en el asiento de atrás. Ana y yo nos miramos y decidimos telepáticamente que era mejor no preguntar.

Llegamos a un local que estaba cerrando. Nos bajamos del coche, y el filipino volvió a tumbarse. Al poco tiempo volvimos al coche para ir a otro sitio. El filipino, sin mediar palabra, se volvió a incorporar invitándonos a ocupar nuestro sitio en el asiento de atrás del coche, y por lo visto, también cama suya. Por el camino, Ana y yo bromeábamos sobre la posibilidad de que nos secuestraran para matarnos y vender nuestros órganos a alguna mafia japonesa. En castellano, por supuesto, para que no nos entendieran. Llegamos al nuevo local, nos bajamos, y el filipino se volvió a tumbar a dormir. Este sitio era guapo. Con piscina a la entrada y todo. Nos dirigimos a la barra y pedimos bebidas para todos. Nos advirtieron que no dejáramos nuestras bebidas en ningún sitio, y que no las perdiéramos de vista, por si nos echaban droga. Ana y yo nos miramos maliciosamente, y dejamos nuestras copas en una repisa mientras bailábamos.

Me perdí en la pista y acabé bailando con varias niñas, con las que no podía ni comunicarme. Ana se quedó hablando con los dos tipos con bigote, a los que les habíamos dicho que estábamos casados para evitar incidentes innecesarios. Uno de los dos, el conductor, vino a hablar conmigo. Quería proponerme un negocio en el que Ana se prostituía, él buscaba los clientes, y nos repartíamos el dinero. Me aseguraba que había un buen negocio y dinero que ganar con la cosa de que Ana era rubia, con ojos claros, y que los hombres pagarían lo que pidiéramos por ella. Le dije, con la borrachera, que lo que dijera Ana. Y Ana obviamente no estaba por la labor. Nos reímos de la circunstancia y seguimos con el baileteo.

Ni rastro de droga en nuestras bebidas, así que fuimos a por más bebidas. Volvimos a invitar a nuestros anfitriones. Era lo menos que podíamos hacer después de que se habían ofrecido altruistamente a compartir la noche con nosotros y enseñarnos la ciudad.

La discoteca empezó a cerrar ya bien entrada la madrugada, cuando mejor nos lo estábamos pasando. Salimos, nos quitamos la ropa, y en ropa interior nos tiramos sin pensarlo a la piscina. Nos dimos un chapuzón breve pero refrescante. Mientras nos secábamos al aire cálido de la noche, salió de la piscina una pareja hablando en español. Catalanes en Kuala Lumpur. Te cagas. Intercambiamos unas palabras... que tal... nosotros viajando, ¿y vosotros?... pues tenéis que visitar este sitio y aquel otro... buceando con tiburones y tortugas gigantes... vale, vale... de puta madre... nos vemos tío... que os vaya bien. Este es el lenguaje de los viajeros. Este es el intercambio de información que te hace saber de, y llegar a los mejores sitios.

Volvimos al coche de nuestros anfitriones, donde dormía plácidamente el filipino de pelo largo y cara bonita. Se volvió a incorporar para dejarnos sitio. Nos llevaron al hotel como caballeros, y nos despedimos hasta la próxima vez que estuviésemos en la ciudad. Nos dieron sus números de teléfono.

El pavimento de la calle del hotel aún emanaba vapor de agua con olor a alcantarilla, formando una especie de niebla transparente. Sigilosamente, tan sólo delatadas por el sonido de alguna lata al moverse, las ratas correteaban por entre las bolsas de basura amontonadas en la calle, pegándose el gran banquete, aprovechando los últimos minutos de una noche de pura gula, antes de que los basureros vinieran a saquear su botín.

MI MIEDO

Yo a ti te conozco. Tú eres mi miedo.

Tú eres aquel ladrón que me robó tantas cosas, tantos sueños, tantas risas. Tantos momentos perdidos por escucharte, tantos corazones rotos, tanto arrepentimiento por lo no hecho. Yo a ti te conozco. ¿Qué vienes a hacer aquí? Tiempo hace que me olvidé de tus mentiras, de tu poder para hacerme dudar.

Yo a ti te recuerdo. Tú eres aquel que me hacía echarme atrás. Yo dudaba y tú te alimentabas de mi amargura. Al final te hacía caso y me quedaba con mi soledad y con mis pensamientos.

Te reforzabas cuando, ignorando tus consejos, daba un paso adelante y acababa desilusionado. Entonces aprovechabas para recordarme que me lo habías advertido, que eso era lo que me esperaba cada vez que decidiera ignorarte. Lo que me ocultabas, lo que yo no sabía entonces, era que el dolor y el sufrimiento, el rechazo y las lágrimas, son males necesarios, experiencias que nos hacen más fuertes, que nos enseñan a vivir.

Tú eres aquel que siempre me había hecho cobarde. El que mataba mi valentía a base de negaciones, de traer a mi presente lo malo de todo, el pesimismo y las preocupaciones. Lo que me quedó para siempre cuando te tenía a mi lado fue el tiempo que pasé pensando qué hubiera pasado si no te hubiera escuchado. Duele mucho pensar en lo que podría haber sido. El tiempo y la experiencia me han enseñado que lo peor que le puede quedar a una persona es la duda, el no haber intentado, el haber tirado la toalla antes de empezar la lucha. Que es mejor, mil veces mejor, luchar y perder, que darse por vencido antes de intentarlo.

Yo a ti te conozco. Y te conozco bien. Tanto, que un día me

propuse derrotarte, atacar tus flancos débiles. Decidí encarar mis temores del más grande al más pequeño. Te vencí aquel día que hice puenting. Me estuviste atormentando toda la noche, haciéndome temer. Pero yo, valiente, te ignoré.

Y allí estaba yo, en una plataforma a 134 metros de altura. El vacío me miraba a la cara y encogía mis entrañas. Debajo, un riachuelo con aguas turquesas de apenas unos centímetros de profundidad se reía de mí y me desafiaba a saltar. Tú me hablabas y hacías que mis piernas temblaran. Traías a mi pensamiento imágenes de cuerpos destrozados en las piedras al fondo del abismo al que me enfrentaba ahora. Me estuviste torturando aún cuando estaba a punto de saltar. Pero cuando llegó el momento, me lancé decidido, ignorándote, sin pensar. Y descubrí que se te podía matar. Desapareciste en el mismo instante del salto, como si yo hubiese adquirido el poder de ser libre al no escucharte. Y mientras caía en picado sentí lo que significa no tener miedo, ser dueño de mis actos con todas sus consecuencias. Descubrí que la vida está llena de riesgos. Y que cada cual tiene la libertad de arriesgarse, de vivir sin temores. Me di cuenta de que se es mucho más feliz diciendo que sí cuando normalmente hubiera dicho que no siguiendo tus consejos. Todo es un riesgo y o lo tomas o lo dejas. Pero si decides arriesgarte, tu existencia se vuelve más completa, más gratificante, y te sientes vivo. Más vivo que nunca. Y la vida tiene sentido.

Cuando te escuchaba, yo estaba muerto. Muerto en vida, pues ¿qué es la vida si no se vive? Yo antes estaba muerto, y meramente existía. Era un fantasma, un zombi, una sombra de mi verdadero ser. Ahora que te he vencido estoy vivo, lleno de cosas que quiero hacer, de riesgos que quiero afrontar si con ello consigo conocerme un poco más, saber de lo que soy capaz, estar más cerca de mi felicidad.

Yo a ti te recuerdo. Tú eres mi miedo. Pero ya no hay espacio para ti ni en mi mente, ni en mi alma, ni en mi presente. Así que vete al lugar oscuro del que viniste, en el que vives planeando como privar a las personas de las sensaciones, de los momentos que nos hacen quienes somos, maquinando como matar más vidas, como hacer cualquier existencia más miserable, más amarga y aburrida.

Tu objetivo es hacer que las personas mueran sin haber siquiera vivido, presos de tu pesimismo y de tu oscuridad. Vete, miedo. Pues ahora soy valiente, soy libre y tú estás muerto. Sin ti soy capaz de todo.

LA NIÑA

La niña nos llegó muerta.

Edad: dos años.

Pálida, con pequeños puntitos de sangre alrededor de los ojos.

Quieta, flácida, fría, sin vida. Los ojos cerrados.

La marca de la soga, como una huella horripilante aún en el cuello, hacía trágicamente que todos los demás detalles tuvieran sentido.

Lo teníamos ya todo preparado en la sala de resucitación. En la pizarra estaban escritas todas las fórmulas para calcular, según el peso de la niña, dosis de medicación y mililitros de suero, ajustes del desfibrilador, tamaño de tubos endotraqueales y parámetros fisiológicos. Nos habían alertado los paramédicos de lo que nos traían: la madre se la encontró ahorcada en el alzapaños de la cortina del salón. Las cajas de guantes de látex, las jeringuillas precargadas y las cánulas intravenosas preparadas en las bandejas de los carritos de urgencias. Fuera, suenan las sirenas de la ambulancia.

La niña ni respira ni tiene pulso. Iniciamos masaje cardiaco con la palma de una sola mano, respiración asistida, y miramos a los monitores. Asístole: línea en el monitor que nos dice que no hay ningún tipo de actividad eléctrica en ese corazoncito. Tiene gracia. En las películas esta línea siempre aparece completamente plana, y acompañada por un pitido constante. Todo el mundo sabe que esa línea en el monitor y ese sonido significan muerte. La verdad es que la línea no es completamente plana, y el pitido irritante es algo sólo de películas.

Lo intentamos todo. Es difícil poner límite a nuestros esfuerzos cuando la víctima es una niña de dos años. Todos tenemos un amigo que tiene una hija de esa edad. Y todos sabemos perfectamente que ya ha empezado a andar, que ya dice sus primeras palabras, que ya sabe pronunciar papá y mamá. Y nos acordamos de cuando aún era más pequeña. Y sus sonrisitas de bebé, y sus berreos. Es difícil dejar de hacer algo cuando tu paciente es una niña tan pequeña. Porque te crees que es la hija de tu amigo. Porque no ha tenido la oportunidad de tomar decisiones. Porque te niegas a aceptar que esté muerta; que hagas lo que hagas la niña no va a volver a respirar, a despertarse, a regalarte esa primera mirada confundida, a buscar perdida a su madre, para sentirse segura, para abrazarla y sentir el corazón de su mamá latiendo, con ese ritmo tan familiar, tal vez algo más rápido de la cuenta. Los niños llevan grabados el sonido del corazón de sus madres. No es de extrañar, cuando consideramos que ese fue el primer sonido que jamás aprendieron, desde que recuerdan, desde que son.

Pero al final, a pesar de nuestra insistencia, tenemos que parar. Darnos por vencidos. Entender que no hay retorno.

La madre está esperando fuera, en el cuarto de los familiares. Un cuartito donde más que todo se dan malas noticias. Donde se matan a las personas en el presente, en las conciencias de sus familiares y amigos; donde por primera vez los seres queridos niegan la realidad, para sin otra opción, aceptarla segundos más tarde.

Entramos en la sala. La madre está llorando, sentada hacia delante con las palmas de las manos rozando ansiosas la parte anterior de sus muslos. Al oírnos entrar, alza la vista. Su cara, sus ojos, su espíritu lleno de esperanza. ¿Cómo decirle que no? ¿Cómo se puede ser tan cruel para decirle que su hija ha muerto, que por mucho que lo hemos intentado nos llegó demasiado tarde? ¿Cómo matar allí mismo, mirándola de frente, a la niña de sus entrañas? ¿Cómo romper un corazón, un alma, una vida entera, cuando acabas de batallar con un corazoncito que no quiso volver a latir? Mis palabras van a desencadenar unas ondas de dolor inimaginables, que afectarán a mucha gente durante mucho tiempo.

Toda la esperanza en sus ojos se disipa instantáneamente. Empieza a golpearse. Llora. Grita frases sin sentido, palabras al azar que no puedo comprender. Estas son las palabras del sufrimiento más desgarrador y del dolor que más hiere. Parece ser un lenguaje que se desconoce hasta que, como por posesión demoníaca, se habla fluidamente. El dolor que está sintiendo en estos momentos, las ideas que abarrotan su mente, chocando entre ellas sin poder formar ningún sentido lógico, el escozor en sus entrañas... son sentimientos que ningún ser humano debiera sentir jamás. Ni el peor de los humanos. Nadie. Sin embargo esta pobre madre ha caído presa de ellos, y pasarán muchos años, tal vez lo que dure su propia vida, hasta que se libere de esa pena tan profunda que la mayoría de la gente tiene la fortuna de no conocer.

En todo el departamento, la pena flota en el aire. Nadie sonríe, nadie gasta bromas. Todos siguen trabajando maldiciendo al reloj por marcar los minutos de uno en uno. Por no hacer excepciones y saltar unas horas hacia el futuro. Por no permitirles correr a sus casas ahora, y al llegar, abrazar a los suyos y darles las gracias por estar ahí, un día más.

La gente me pregunta qué es lo peor con lo que me he tenido que enfrentar en mi trabajo. Esperan que responda *"una mujer con un hachazo en la cabeza, con los sesos medio fuera"*, o *"un tipo descuartizado con una sierra mecánica por el vecino que también era el amante de su mujer"*, o *"un tío aplastado por un camión cuando estaba paseando al perro"*, o algo así muy muy morboso.

Pero no. Yo siempre respondo *"una niña ahorcada en el alzapaños de la cortina del salón"*. Eso es lo peor con lo que jamás me he tenido que enfrentar. Mil veces peor que cualquier otra cosa.

CAMINA

Camina. Mira hacia delante. La cabeza erguida; tu objetivo: el horizonte. Márcatelo en la cabeza. Que tus gestos sean tranquilos, dibujando en el éter invisible los símbolos de un lenguaje hace tiempo olvidado por el hombre.

No dudes: para cada cosa y para cada situación encontrarás mil puntos de vista. Por lo que ante ti sólo ha de prevalecer la verdad. De cada experiencia que te ocurra en tu camino aprende un interrogante. Razónalo y alcanza tu propia verdad. Pues es importante conocer el terreno que se pisa, la órbita en la que se gira, el valor verdadero de nuestras posiciones. Has de saber que tu verdad puede estar muy desviada de la verdad. Así que cuestiónala, pues la verdad debe carecer de excepciones. Después de este aprendizaje concluirás que la verdad es un concepto más que algo tangible. Y como tal, cambia de significado según la parte de tu camino en la que te encuentres: lo que es una verdad incuestionable aquí y ahora, deja de serlo mañana, más aún en otro lugar. Así que no dudes, pero basa tu verdad en el respeto a tus semejantes. Y sobre todo, no la prediques más que con el ejemplo. Recuerda mi querido discípulo, que el mundo no gira a tu alrededor: mientras tú observas a unos y piensas sobre ellos, sobre sus actos, otros también te observan y analizan los tuyos.

Habla: pues las palabras pueden vencer a mil ejércitos bárbaros; la razón siempre saldrá victoriosa de cualquier confrontación. Habla el lenguaje de la dulzura, del entendimiento, mas no dudes en afilar la lengua cuando la situación lo requiera. Pues mucha es la charlatanería, muchas las palabras vacías pronunciadas desde la ignorancia. Y no dudes en preguntar lo que desconozcas: es muy aconsejable ser ignorante sólo una vez.

Enseña tu camino al que lo solicite de buen corazón. Ayuda a otros a llegar donde tú has llegado, por mucho que te quede por recorrer.

No mires atrás: De nada sirve ver las huellas en el camino que se ha recorrido. Es más bello el horizonte, más inquietante, más desconocido. A veces lo enmarca un arcoíris, invitándote a apresurar el paso, a intentar tocarlo con las yemas de los dedos. Pero cuidado: sólo es un espejismo hermoso. Mas si quisieras aún volver la vista atrás, prepárate a encontrarte con el pasado, pues al mirarlo se le confiere *momentum* y acaba irremediablemente adelantando al presente. Es altamente peligroso convivir hoy con los fantasmas del pasado, pues al final acaban condicionando toda nuestra existencia. Te preguntarás qué espectros pueden reavivarse al recordar las alegrías. La respuesta a tu pregunta, mi querido discípulo, no hay que buscarla en la memoria placentera en sí: cuando se recuerdan memorias de un tiempo mejor, incluso estas terminan por convertirse en fantasmas que conviven con nosotros, y acabamos convencidos de que esos tiempos no volverán. Mi consejo es que vivas el ahora exprimiendo cada minuto, así evitarás tener que recordar el pasado en busca de consuelo. Aprende a vivir de forma que nunca sufras ese pesar interno que queda después de ejecutada una mala acción. No crees fantasmas que puedan perseguirte. Y no tardes en adquirir conciencia de que, lo uses bien o mal, el tiempo sigue avanzando indiferente.

Sigue el sendero de la luz: lo distinguirás porque estará rodeado de sombras. Pues la eterna dualidad del todo está presente allá donde mires. No pongas tus esperanzas en seres superiores, pues nada es más poderoso que tú. Si lo haces acabarás cansado de no obtener respuestas. Ahora bien, guiado por el respeto, pon todos tus esfuerzos en alcanzar tus metas. Sigue el camino de la luz, el que está rodeado de sombras, el que te indica tu corazón, y cree firmemente en que al final del sendero, hallarás lo que siempre ha estado allí, esperándote. Tal es el poder de este, nuestro Universo, para crear nuestra propia realidad, nuestro propio camino más allá de la luz, más allá incluso de el mismo horizonte.

Se feliz: de la manera que tú consideres que define mejor tu propio concepto de felicidad. Para ello, tienes que conocerte, saber quién eres, qué defiendes, a qué te opones, qué es lo que quieres, y más importante aún: qué es lo que no quieres. No te compares con otros para saber si eres feliz, pues la felicidad no puede medirse, no tiene un más que ni un menos que. Es íntimo, es personal, es un estado energético a otro nivel cuántico. La felicidad es en sí misma la búsqueda de la felicidad.

Ante todo, se compasivo: pues es la esperanza de la raza humana. Que tus acciones las guíe tu ser interior, para que ayudes al necesitado sin esperar a cambio más que el compromiso de también ayudar. Pues será esa la semilla que se expandirá por el mundo, de hombre a hombre, de persona a persona, altruistamente con la sola intención de propagar la Gran Actividad, la hermandad que somos todos los seres humanos. Que tu forma de actuar sea justa, pues debes entender que todos, incluido tú, cometemos errores, y que a veces nos derrota momentáneamente la ira. Pues es la pérdida frecuente de esa batalla la que transforma a los hombres en seres abominables.

Y duerme bien: nada es más reparador que dormir con la conciencia tranquila. Cada noche podrás visitar el lugar donde se acumula la memoria del Cosmos, de la que todo ser que alguna vez haya existido es parte. Oirás las súplicas y los agradecimientos de los que son, y escucharás las historias de los que han sido. Aprenderás la sabiduría de los que alcanzaron la iluminación. Y no olvides al despertar dar gracias al nuevo día por brindarte una nueva ocasión de hacer el bien, por poder de nuevo ser testigo de los tonos anaranjados de otro anochecer, del perfume de las flores que, como tú, dan gracias al nuevo día por despertar de su letargo nocturno al Sol.

Avanza, camina, encuentra el motivo de tu propia existencia. Mira hacia delante. La cabeza erguida; tu objetivo: el horizonte. Márcatelo en la cabeza. Que tus gestos sean tranquilos, dibujando en el éter invisible los símbolos de un lenguaje hace tiempo olvidado por el hombre.

LA CARTA

Empiezo a escribirte esta carta sin saber si aún llevas puesta la sonrisa triste que dejé en tus labios cuando te vi, a través de mis lágrimas, aquella última vez. Empiezo estas letras con la incertidumbre que dan el tiempo, la distancia, y tus últimas palabras: esas que con gemidos entrecortados, me juraban que me esperarían. Hace ya tres semanas que volví a casa dejando atrás tu esencia, y todavía no sé de ti. Es como si el tiempo, una nueva era llena de esperanza vacía, hubiera empezado después de tu último beso.

Desde que el refugio de tus abrazos se perdió en un mar de lejanía, la vida parece estar jugando caprichosamente conmigo. Ya no sé si creo en las mismas cosas, en los mismos ideales de antes. Ya no sé si debiera callarme antes de decir lo que digo. Después de todo, al abrirme a tí me convertí en un hipócrita, en un charlatán de pocos escrúpulos, en una miseria ambulante, en una pena sin solución.

Los días son siempre el mismo repetido, llenos de una amargura en la que los segundos de mi reloj parecen interminables. Ni siquiera en el sueño, las raras veces que consigo derrotar al insomnio, encuentro la paz en la que era feliz antes de conocerte. Me despierto sin la ilusión de levantarme; me levanto sin que nada me impulse a hacer la siguiente rutina; mi rutina es el acto consciente de no pensar, de no sentir, de no recordar. Pero siempre pierdo.

Y echo de menos tu tacto. Tu sonrisa alegre y gratuita. El calor de tu cuerpo sobre el mío. Tus manos acariciándome, explorando detenidamente mi piel, como buscando un tesoro en un mapa pirata escrito en Braille. Añoro tus labios recorriendo mi cuerpo con diez besos en cada paso. Tu boca sobre mí. Tus pechos vibrando a los latidos de tus caderas. Tu pelo despeinado en la cara. Tus orgasmos en gemidos de amor y lujuria...

Te escribo esta carta con el dolor que da el no saber, con la tristeza en la que florecen las dudas, con la desesperación de un alma que no aguanta más en este abismo oscuro, profundo y marchito, en el que vivo, hasta que volvamos a vernos.

He decidido que no puedo soportar más este vacío en mis entrañas, esta oscuridad de negrura infinita, este ácido invisible que me corroe la mente. He decidido acabar con el sufrimiento liberando mi ser de este cuerpo lleno de cicatrices, telarañas y polvo. He resuelto matar mi conciencia de la única manera que me queda.

Adiós mi amada. Adiós mi trocito de cielo, mi rayito de luna, mi flor deshojada. Mi cuerpo por fin descansará cuando mis pupilas dilatadas miren, resecas, el infinito de un futuro que tú me has negado con tu silencio y tu ausencia; cuando mi respiración cese, envenenada por la morfina; cuando mi corazón se pare para siempre, dejando de dedicarte hasta el último latido de mi existencia.

Espero que Marta me perdone, pues tarde he comprendido que ella siempre me quiso, aun en los momentos en los que ya no ocupaba mi mundo. Marta nunca me hubiera hecho el daño que tu indiferencia me ha causado. Marta hubiera dado su vida por evitar mi tristeza.

Lamento tanto hacerle esto: ser el motivo de sus lágrimas, de su pena inimaginable, de su dolor infinito. Yo, la persona en la que ella puso toda su confianza. Dejarla sola con todo ese amor que siempre me regaló desinteresadamente, sin una carta de despedida, sin nada que le explique mis motivos; privarla de esa vida imaginada junto a mí, en la que ambos éramos felices. Pero, cómo contarle que la traicioné, que fui un amante rastrero desde el momento en que tú entraste en mi presente.

Espero que sea Marta la que, con la misma ternura con la que antes me acariciaba, me cierre los párpados cuando encuentre mi cuerpo sin vida en la cama en la que tantas veces, antes de ti, ella y yo hicimos el amor.

LA RUEDA

Mira a tu alrededor. Desde tu sofá; desde donde estés ahora mismo sentado.

Abre los ojos. Deja de ver la tele por un momento. Apágala. Apaga tu ordenador, tu portátil, tu playstation, y mira a tu alrededor.

Detén tu mente; detén tus pensamientos fluyendo como estrellas fugaces que duran tan sólo un minúsculo instante en el que no da tiempo a pedir un deseo. Ideas que fluyen desbocadas con tal rapidez que no hay posibilidad de intervenir, de resolver, de reflexionar. Imágenes mentales que sólo ocupan intervalos de tiempo en nuestra conciencia, impidiendo que el razonamiento lógico tenga espacio libre para llegar a conclusiones.

Estás metido en la rueda. Esta rueda que gira sin cesar, avanzando sin mirar lo que deja arrollado a su paso, absorbiendo hacia sí todo el tiempo que le permitas robarte. Crece alimentada por tu trabajo, tus recibos del agua y de la luz, tus preocupaciones… Y cuanto más ruedas con ella, más difícil es saltar, más complicado abandonarla, más lejana la parada donde detenerte y mirar a tu alrededor. Nos hacen creer que el único nivel es la rueda; que el propósito de tu vida es cabalgar la rueda, hacerla crecer y seguir rodando. Que sin la rueda no eres nada.

Para que sigas siendo esclavo de tu mente, de tus primeros pensamientos y de tus ideas sin reflexión lógica, no te dejan tiempo para razonar. Te dan fútbol y religión. Te entretienen con las vidas de gente que precisamente vive de la estupidez general: te cuentan de qué se operan, como se casan y se divorcian, las drogas que se meten, con quien se lían. Te hacen ver que para ellos todo está permitido. Incluso todo aquello por lo que a ti se te castigaría duramente. De una manera o de otra. Y te convencen de que esto es de lo que tienes que preocuparte. Deja para ellos los asuntos de estado, la política internacional, la Unión Europea, las invasiones de países de oriente medio. Tú no necesitas pensar: ya tienes bastante con la televisión. Deja que la rueda se encargue de pensar por ti.

Te aíslan en tu casa, con tus problemas, con tus deudas y tus sueños rotos. Te dicen que la calle es peligrosa. Se empeñan en hacerte creer que hay un enemigo que está en todas partes y quiere verte muerto, roto en pedazos ensangrentados. Te mandan emails advirtiéndote que mires antes de sentarte en la butaca del cine por si hubiera una jeringuilla infectada con hepatitis o VIH; que no intentes llamar al dueño de un teléfono móvil que te has encontrado en la calle porque puede ser un teléfono-bomba; que no pierdas de vista a tus hijos ya que todo extraño es un pederasta en potencia. Te dan facilidades para que hagas tu compra on-line, para que juegues con tus amigos a la play por internet; así no tenéis ni que molestaros en salir de casa. Por otro lado, a los parques y a los espacios públicos les ponen vallas, y restringen el horario en el que podemos disfrutar de ellos. Crean propiedad privada, aunque no para ti, allá donde mires. Mejor te vas a casa.

Y te muestran todo esto en las noticias. Por supuesto manipuladas, editadas y contadas según le convenga al que maneje los medios de información. Te dicen sólo lo que quieren que sepas y te muestran las imágenes que quieren que veas. Si nos enseñaran lo que de verdad ocurre en los frentes de batalla, ningún ser humano sería partidario de la guerra. Si nos enseñaran las opiniones de todos los encuestados, y no sólo las de los que se pronuncian de la forma conveniente, tendríamos una visión más verídica y completa de la realidad.

Para protegerte, empiezan a anular tus derechos, o a utilizarlos en tu contra. Te observan con cámaras con el pretexto de poder también grabar cualquier crimen. Se inventan leyes para invadir tu privacidad, en casa, en la calle, en internet…

Y lo peor es que van moldeando nuestros valores para que seamos nosotros mismos los que pidamos esa protección. Te usan y te controlan como a un peón de ajedrez. Hasta te matan para echarle la culpa al enemigo. Para que les des lo que quieren quitarte.

Así que salta de la rueda. Bájate y respira. Mira a tu alrededor. La vida es mucho más de lo que tú conoces. Ofrece abrazos gratis a un extraño. Regala flores a los que no sonrían. Haz regalos sin esperar a cumpleaños, ni santos ni aniversarios. Confía en las personas que aparecen por tu vida. Nunca dejes que las personas de mal corazón, con la que inevitablemente te encontraras alguna vez, pinten de culpables a los inocentes. Ayuda al que lo necesite. Exprésate sin miedo y escucha a los demás. Cuestiónalo todo. Razona tus propias conclusiones desde la compasión y el respeto. No tengas miedo de preguntar lo que desconoces, pues todos somos ignorantes. Lucha por lo que crees con todas tus fuerzas. Sé fiel a ti mismo y esfuérzate en conocer tus límites. Siéntate a escuchar a los pájaros, al viento y a los demás sonidos de la naturaleza. Dedica más tiempo a contemplar los amaneceres. Descubrirás que hay belleza allá donde mires. Pues el mundo es un lugar muy bello en el que todavía vive mucha gente de buen corazón. Si no paras y miras a tu alrededor, te lo perderás.

LA GUERRA

"Cuando acabe la guerra voy a pedirle a Sandra que se case conmigo. Hemos tenido suerte. Por ahora la guerra no nos ha afectado directamente, mas que en lo normal: racionamiento de víveres y agua; cortes constantes de suministro eléctrico; imposibilidad de ir a urgencias pues están los hospitales saturados con tantas víctimas; y, por supuesto, el horror de ver a tanta gente muerta, descuartizada por alguna mina, o atrapada en edificios derribados a base de pepinazos. Hasta a eso nos hemos acostumbrado y ya nos parece normal.

Nuestro amor está pasando esta dura prueba con buenas notas: después de tres años aún seguimos enamorados como aquel día en que nos besamos por primera vez. Todo fue tan dulce, tan tierno, tan sincero. Éramos sólo dos adolescentes que empezaban a caminar de la mano, juntos ante las adversidades y juntos también para compartir las alegrías. Parece que esa llama, ese fuego, esa pasión que reina en todas las relaciones que empiezan, no se ha extinguido aún. Ni siquiera esta maldita guerra ha conseguido herir lo que compartimos Sandra y yo. Ni siquiera en lo más mínimo.

Hablamos mucho de este conflicto. También hablamos con otra gente que, como nosotros, no comprende la raíz del problema, de las diferencias, de las razones que han hecho que lleguemos a las armas. La gente con la que conversamos no tiene ningún tipo de problema con nuestros compatriotas, nuestros hermanos de la parte norte del país. Y sin embargo, todos los días hay tiroteos, heridos y muertos. En definitiva, todos los días nos matamos a nosotros mismos. Todos opinan que son los políticos, nuestros dirigentes, los que han fabricado este odio para que nos matemos entre nosotros mientras las madres de los soldados caídos mueren por dentro, por razones que no entienden, por diferencias artificiales e inventadas. Los hijos y las familias de los que nos convencen con palabrería de que esta guerra está justificada están ahora en el extranjero, a salvo, seguros, mientras sus padres y madres prolongan un conflicto que probablemente les favorezca económicamente, sin importarles el dolor que están causando mandando a morir a los hijos de los demás. Sin nuestros gobernantes, esta guerra terminaría mañana. Tiraríamos las armas y nos abrazaríamos pidiéndonos perdón mutuamente. Pero mientras estén en el poder, ese poder que nosotros les hemos concedido con nuestros votos, seguirán alimentando la hoguera de los odios con leña teñida en sangre, egoísmo y corrupción.

Cuando acabe la guerra voy a pedirle a Sandra que se case conmigo. Podré conseguir un trabajo, y podré ahorrar para comprarle el anillo de compromiso. Creo que un rubí engarzado le gustará. A ella le daría igual que se lo pidiera con un anillo de cuero, pero Sandra se merece lo mejor. Un rubí seguro que…"

La autopsia confirmó que la bala entró por la parte izquierda de la cabeza, a la altura del hueso parietal, y le salió por el lado derecho del cuello. La muerte fue instantánea. Probablemente un francotirador escondido en algún edificio.

SOLA

Cuando nos cruzamos por el bulevar de St Germain, en París, ella iba caminando con el paso lento y la mirada ausente, sin importarle el rumbo. Miraba al suelo, pero sus ojos contenían unas lágrimas apenadas que no la dejaban ver la calle que pisaban sus pies. Llevaba las manos en los bolsillos del abrigo, y su cara, melancólica e incapaz de esbozar ninguna mueca de alegría, contaba una historia de desengaño, de desilusión, de haber alcanzado el límite de lo que se puede aguantar antes de perder la cordura y las ganas de afrontar lo que pudiera traer el nuevo día. Su mente y su cuerpo eran ahora dos entidades distintas, sin comunicación, sin simbiosis. Mientras sus pensamientos giraban en torno a mil preguntas sin respuesta, su cuerpo se dejaba llevar por los impulsos inconscientes y automáticos de su cerebelo.

Todos los aspectos de su vida parecían haberse envuelto en una niebla fría y pegajosa, de angustia constante. Y bien sabían los que la conocían que lo había intentado: que había puesto su corazón en seguir adelante, en llegar a su meta, en tratar de alcanzar la felicidad. En algo se estaba equivocando, aunque ella culpara al destino.

Todos los átomos de su cuerpo habían perdido la capacidad de vibrar en la misma frecuencia que sus ilusiones. Su mente había perdido los sentimientos que hacen que nuestros deseos, todos ellos, nos sean concedidos. Ahora veía a la gente sonreír y no aprendía nada de sus sonrisas. Ya no se sentía afortunada de poder presenciar atardeceres, ni al oler el aroma del jazmín en primavera.

Se había cavado una tumba oscura y profunda, que sólo

conseguía llenar de más tierra negra con su pesimismo. Había olvidado el poder innato de cambiar su propio destino. Eso es lo que nos diferencia de los niños: ellos saben que pueden crear su propia realidad tan sólo con sentir lo que viene después. Ellos saben que guardar rencor es cosa de adultos. Cuando crecemos, nos hacen borrar este saber antiguo, grabado en nuestros genes, y nos convencen de que la realidad es tal y como la vemos, sin que tengamos ningún tipo de influencia en nuestra fortuna. Y todo se convierte en un círculo vicioso de fracasos programados. Sólo algunos que no olvidan, o a los que no les han podido privar de su derecho a ser felices, continúan valientes recibiendo lo que es legítimamente suyo. Así, ella deseaba continuamente no ser feliz, y precisamente eso era lo que se le concedía.

Me hubiera gustado ofrecerle mi hombro para que llorara su tristeza en ríos de lágrimas, para que dejara desbocar su grito ahogado. Decirle que llorar no es sólo de niños, y que se pueden vaciar las penas a través de los ojos. Me hubiera gustado sonreírle intentando contagiarla, y decirle que las lágrimas limpian el polvo del cristal a través del cual vemos las cosas. Y me hubiera encantado recordarle que ella también era una criatura del Universo, con el mismo derecho a la felicidad que cualquier otro. Tal vez hubiera logrado hacerle ver que ella era la escritora de su propio destino, despertarle la memoria de su poder, hacerla sonreír de nuevo.

FIJI

El tiempo transcurre de otra manera en Fiji. Cada segundo parece querer quedarse un ratito más en el presente; cada hora se alarga sin cuidado y con pereza; cada día se hace eterno aprovechando que nadie mira el reloj.

Ciertamente es así en Long Beach Resort, un complejo turístico en una de las islas del archipiélago Yasawa. Cuando digo complejo turístico se debe entender una playa larga con varias cabañas de palos y ramas, un cuarto con varias duchas, y un pequeño comedor. Aquí el tiempo no se mide de forma convencional, sino por "la hora de levantarse", "la hora de comer" y "la hora de sentarse a tocar la guitarra y el ukelele bajo la luz de las estrellas". Ni siquiera hay una hora de irse a la cama. Todo es "Fiji time" significando "cuando sea". Quise perderme bajo las estrellas; tener tiempo para aburrirme. Long Beach Resort fue el lugar elegido.

El día comenzaba con el sonido del "tam-tam". Esto era básicamente la cocinera golpeando un tronco hueco para anunciar a los siete u ocho huéspedes que el desayuno estaba listo. En escasos minutos, todos estábamos sentados a la mesa con el pelo alborotado, una taza de café, fruta, zumo recién exprimido, y algunas tostadas. Los bostezos se iban contagiando de una boca a otra.

Después del desayuno, el día se desperezaba ante nosotros. El Sol ya había empezado a calentar la atmósfera; las hamacas nos invitaban a tumbarnos en ellas; las aguas cristalinas nos llamaban con los sonidos de las olas acariciando las conchas sobre la orilla para que nos pusiéramos las aletas, las gafas de buzo y el snorkel. Los perros jugueteaban por la playa, y los niños pequeños empezaban su búsqueda de tesoros, conchas y caracoles, en la arena. A veces jugábamos al fútbol con los nativos en un campo de albero. La mayoría de los jugadores jugaban descalzos y con la ropa hecha jirones. Si te enseñaban una foto de hacía varios años, tenían puesta la misma ropa, pero más nueva.

Todo el mundo sonreía a todas horas, bailaban sin música, y por todos los rincones rebosaba la felicidad. Allí, en un rincón escondido del pacífico, donde no había lujos, ni ordenadores, ni coches, ni motos, ni aires acondicionados, ni calefacción, ni nada, vivían las personas más felices que había visto en mi vida. Su forma de reír no llevaba impresa ni una sombra de tristeza.

El tiempo transcurría lentamente, pero a nadie parecía importarle. Si las horas hubiesen decidido alargarse hasta el infinito, ninguno de nosotros se hubiera dado cuenta. Esta paz, esta tranquilidad, este reposo repleto de los sonidos de la naturaleza, pájaros exóticos, peces de colores, olas mansas y caricias de Sol, sólo se veía interrumpido por una nueva llamada, un nuevo sonido del "tam-tam" a la hora del almuerzo, y de nuevo, eternidades más tarde, a la hora de la cena.

El tiempo transcurría a velocidades tan lentas que desafiaban las leyes de la física. Hubiera sido imposible estudiar el Universo en Long Beach Resort. Todas las ecuaciones hubieran desvelado resultados falsos, y T, la letra que representa el tiempo en las ecuaciones, siempre hubiera tenido valores cercanos al infinito. Como si esta isla estuviera situada en un agujero negro, en una zona del Universo donde la gravedad es tan intensa que absorbiese cada unidad de tiempo, prolongándola casi hasta el punto de ruptura. O como si los segundos se multiplicaran en cada minuto, y cada hora, en vez de sesenta tuviese cien.

Los relojes rebosaban tiempo. Ese lujo tan preciado, tan escaso en cualquier otro lugar del planeta, era la riqueza más grande que cualquier hombre, mujer o niño podía poseer en esta isla. Tiempo para hacer. Tiempo para compartir. Tiempo para pensar. Tiempo para aburrirse. Tiempo para ir y venir. Tiempo para contemplar. Tiempo para todo.

Mi parte favorita del día era la noche. Después de cenar, nos sentábamos a la luz de la Luna y las estrellas sobre mantas en el suelo. Observar el cielo, en esta isla a años-luz de cualquier ciudad, de cualquier fuente de contaminación lumínica, era en sí una experiencia que abría los corazones, los sentimientos, y llenaba las mentes de los presentes de emociones inexplicables. Todas las estrellas parpadeaban en el manto del firmamento, presumiendo humildemente de una belleza tan infinita que era imposible no sentirse parte del todo, de su luz, de su belleza.

Bebíamos Kava siguiendo el ritual de la preparación y el ofrecimiento. Para hacer esta bebida, se secaba la raíz de Kava Kava o Piper methysticum (pimienta embriagadora), que se machacaba para mezclar con agua. El ritual consistía en envolver el polvo de la raíz machacada en un pañuelo, sumergirlo en agua como si fuera una bolsa de té, y exprimirlo hasta que el agua tomaba un color blanquecino. Luego, con una frase en la lengua local, el que prepara la Kava pasa a cada uno de los presentes, por turnos, la bebida en un cuenco de coco. El que lo recibe da un par de palmadas, y dice "Bula" que significa "gracias", y bebe el contenido del cuenco. Kava sabe a menta, y te produce una sensación inmediata de hormigueo en la lengua. Los nativos dicen que el Kava se usa para dormir mejor, y para hacer bebés. Yo no entendía como se puede usar como afrodisíaco algo que además se usa para dormir, pero me bebía el Kava sin rechistar. Después del ritual, sacaban una guitarra y un ukelele, y tocábamos y seguíamos bebiendo Kava hasta caer rendidos. Mientras tanto, decenas de cangrejos salían del mar y pasaban corriendo a nuestro alrededor. Los cogíamos con cuidado, los echábamos en una olla, y nos los comíamos al día siguiente.

El último día, uno de los niños con los que había jugado a diario, me regaló una concha que había encontrado en la arena, y que había guardado para mí. Fue el mejor regalo que jamás me hizo nadie.

En Long Beach Resort fui feliz. En Fiji aprendí que se puede alcanzar la felicidad sin bienes materiales. Que si vivimos con la esperanza de alcanzar la felicidad cuando consigamos el objeto, o la meta, o el dinero, o el trabajo que pensamos nos hará felices, caemos en la trampa de la sociedad de consumo, y corremos el riesgo de acabar frustrados si no llegamos a obtener el objeto de nuestro deseo. En Fiji aprendí que es mejor ser feliz sin motivo, sin causa aparente, independientemente de que alcancemos lo que tanto deseamos.

LA DISTANCIA

Quedan apenas unas horas para empezar a matar la distancia, pero la distancia ya no es la que era. No se rige por las mismas definiciones, ni por los mismos kilómetros. Ni siquiera se mide por el tiempo que llevamos separados. La distancia de ahora es infinita, y no es el espacio entre dos puntos, pues sólo existe el de origen.

Quedan apenas unas horas para comenzar el retorno. Pero el retorno no es el de antes. No se define por las mismas ilusiones ni lo impulsa el mismo encuentro. No me esperan los mismos brazos ni los mismos ojos expectantes. No me imagino nada, ni ahora importa lo que me encuentre al otro lado del mapa.

Queda sólo una noche para que vuelva al mundo de antes. Pero ni siquiera eso es verdad: el antes que dejé atrás ha muerto sin dejar ni un solo después.

Mañana, cuando amanezca, programaré mi navegador para que me lleve a casa. Me pregunto si en la pantalla aparecerá un mensaje recordándome que no reconoce el destino. Después me echaré a la carretera con la sensación de que el destino no importa, sino conducir. Matar kilómetros mirando siempre adelante. Ver los minutos pasar a la vez que el cuentakilómetros marca más y más números. La música de la radio a todo volumen distrayendo mi pensamiento, haciendo que mi único mundo sea la carretera.

Pero sé que al final llegaré al sitio del que una vez partí, dejando atrás tus lágrimas y llevándome conmigo las mías; rompiendo en mil pedazos las páginas de nuestra historia y bebiéndome la amargura en una copa de vino tinto; quemando nuestra casa con el fuego de mil infiernos; sembrando penas a cada paso, sufriendo en silencio. Mordiéndome los labios por no gritar que te quiero, que siempre te he querido, y que siento que todo acabe así, sin un motivo, sin un final digno de mencionar. Abriendo heridas que nunca debieron ser abiertas.

Y cuando llegue, te encontraré despierta. O al menos encontraré a alguien que se parece a ti, pero con más dolor, con una pena que nunca antes conocí, y menos cargada de lágrimas, pues todos los gemidos, todo el llanto que le quedaba, ahora son ríos de sal que no albergan vida alguna.

Y ese alguien no sé si me recibirá con un abrazo, o simplemente con la mirada baja y las manos en los bolsillos. No sé si tendrá algunos besos guardados para mí, o si sus labios sólo me dirigirán palabras neutras. No sé tampoco si nuestros corazones latirán el uno para el otro, como antes al juntarse nuestros pechos.

Y si me abraza, me pregunto si temblará con los vellos erizados, o si su abrazo será como el de un desconocido; si haremos el amor con el deseo de dos amantes que éramos nosotros antes de nuestro último adiós.

Mañana cuando parta, me encontraré una carretera más infinita que nunca.

SUFRIMIENTO

Lo primero que hizo al nacer, incluso antes de nacer, fue cagarse. Suena muy feo así puesto, pero es la pura verdad. Un médico diría que expulsó el *meconio*, y así parece hasta que es menos la cosa. La cuestión es que eso de expulsar el meconio antes de nacer no es buena señal. Significa que no lo pasó demasiado bien en ese corto pero duro viaje a través del canal del parto. Significa que el oxígeno en su sangre no estaba a los niveles suficientes, necesarios, para aguantar la respiración hasta poder tomar una bocanada de aire, una vez desprendida la placenta del útero, y con ella su cordón umbilical.

Cuando un niño nace, tiene muchos más glóbulos rojos, todos cargaditos de oxígeno. Este oxígeno extra es el que hace posible que sobreviva la asfixia al pasar por el canal del parto. De ahí la prisa de las matronas por sacar al niño lo antes posible. Porque sin oxígeno, el cerebro no aguanta mucho tiempo, y si se sobrepasa el límite se sufre *anoxia*, falta total de oxígeno, que resulta en parálisis cerebral, e incluso en muerte.

Una vez el niño nace, estos glóbulos rojos que tenemos de más se rompen al no ser ya necesarios, liberando toda la hemoglobina que llevan dentro. Toda esta hemoglobina se transforma en bilirrubina que, al estar en exceso, se deposita en la piel haciendo que el niño tome un color amarillo en los primeros días de vida. Esto es lo que se conoce como *ictericia fisiológica del recién nacido*.

Nacer de por sí ya es una putada. Llegamos al mundo pasándolo mal, como para que apreciemos más la vida fuera de nuestras madres. Antes del parto, nuestra vida se limita a flotar en un líquido denso, practicando cómo respirar y cómo dar patadas de karate. La fuerza de la gravedad no existe, o mejor dicho nos es desconocida en ese mundo cálido y húmedo. Los ruidos del exterior están atenuados. Son los latidos del corazón de nuestra madre la única banda sonora, la única música constante y rítmica que hemos conocido desde que nuestros sentidos recuerdan. Por eso los niños se tranquilizan cuando sus madres los cogen en brazos. No es el hecho de que se sientan protegidos, sino la proximidad al pecho, al corazón, lo que los calma, lo que les dice que todo está bien, como antes, cuando ingrávidos flotaban en el líquido amniótico.

Por otra parte la gravedad tirando hacia abajo, haciendo pesados nuestros miembros, nuestros movimientos torpes y descoordinados. Si tumbas a un recién nacido sobre la espalda y le tiras levemente hacia arriba de las manos, cuando lo sueltas extiende los brazos. Incluso a veces ya de adulto, en nuestros sueños, recordamos esta sensación de caer de pronto, que nos despierta. En el niño es exactamente lo mismo, sólo que el niño no sabe lo que es esa nueva sensación. Tiene que ser algo escalofriante y aterrador para la criaturita.

Así que de estar en un estado ingrávido, seguro, cálido y húmedo, con un "lub-dub" constante y rítmico, de pronto, cuando llega el momento de nacer, todo nos aprieta. Desde un lado nos estrujan hacia fuera, y desde afuera nos agarran mientras todo nuestro cuerpo se retuerce por un canal curvado. Aprendemos lo que es la asfixia. Después sonidos extraños; nuestro cuerpecito pesa como nunca; el "lub-dub" se ha extinguido; hace frío... Si al nacer supiéramos los que es el miedo, estaríamos en un estado de pánico total. Y para colmo, nos dan un par de azotes para que empecemos a respirar llorando. Si hubiese alguna forma de conocer la psicología de los recién nacidos, habría un cuadro clínico descrito de Depresión Neonatal.

Y aún no he mencionado el hambre, que esa es otra. Antes de nacer, el hambre no existe. Todos nuestros nutrientes pasan a nosotros por el cordón umbilical, constantemente, sin necesidad de mover un músculo.

Pero estaba diciendo que antes de nacer expulsó el meconio, según a quien le preguntes. ¿Sabes cómo se llama esto en términos médicos? Pues se llama Sufrimiento Fetal.

Así que además de pasar por todas esas perrerías que todo el mundo pasa cuando nace, él además tuvo sufrimiento fetal. A veces se lo repite a sí mismo, y le parece gracioso: el primer sentimiento, además documentado, que tuvo en esta vida fue el sufrimiento. No parece un buen comienzo. Es como empezar el día con el pie contrario. Como derramarte encima el café por la mañana, y que al salir pitando de casa se te olvide la cartera. Como esos días que sinceramente piensas que sería mejor meterte otra vez en la cama, echarte a dormir, y al despertar, empezar todo de nuevo.

Por otra parte, como antes que tener hambre, antes de tener sed, antes de padecer dolor, antes que nada, lo que hizo fue sufrir, tal vez por eso entienda mejor a todos los que sufren. Tal vez por eso se le rompe el corazón y llora cuando sabe que alguien lo está pasando mal. Aunque no lo conozca y aunque nunca haya oído hablar de él.

IMPULSOS

Desde la ventanilla del AVE, la realidad se percibía de otra manera. Como una memoria alargada y proyectada a gran velocidad a través del cristal, el espacio y el tiempo transcurrían acelerados. Aldeas y campos cuya presencia duraba apenas unos segundos. Riachuelos y praderas que desaparecían con sólo guiñar los ojos.

Con la cabeza apoyada en el cristal y la mirada perdida en el infinito, Marisa intentaba comprender el motivo que la había impulsado a coger un tren para Sevilla. Llevaba unos cuatro meses levantándose con la sensación de que algo o alguien la esperaba en esa ciudad. Había noches que soñando, se veía a sí misma paseando por calles estrechas, cortas y enredadas. El Sol lucía alto en un cielo azul de un brillo y una belleza inconcebibles. Por internet había buscado fotos de Sevilla, y las calles con las que soñaba eran del barrio de Santa Cruz. Pero aún no entendía por qué.

Por otro lado, algo en su interior había cambiado. Una parte de su ser estaba ilusionada por averiguar qué le esperaba al final de la vía. Empezaba a sentirse viva, a formar parte de la corriente, de la vibración que mueve todo lo visible y lo invisible. Estaba empezando a darse cuenta de que la felicidad vive en el lugar al que nos llevan nuestros sueños.

Y sueños, Marisa tenía muchos. Sueños de niña, sueños de adolescente, sueños de adulto. Sueños y más sueños rotos por falta de salud. Cuando tenía dieciséis años, siendo una persona alegre, sana y llena de energía, tuvo que ingresar en cuidados intensivos cuando sus riñones decidieron dejar de funcionar. Así, de golpe. Una infección se los había comido por dentro.

Se pasó tres años en diálisis, y hacía ya un año que la trasplantaron con éxito.

La vida te cambia completamente cuando estás en diálisis renal. Tienes que ir a planta tres veces por semana, y pasarte cuatro horas enchufado a una máquina que te filtra la sangre. Como un riñón gigante del que no puedes vivir apartada más de un par de días.

Hacía ya un año que encontraron un riñón para ella. Hacía ya doce meses que era independiente de la máquina, aunque el miedo y la costumbre la habían anclado permanentemente a Madrid. Era la primera vez que se alejaba tanto de su casa, de su hospital, de lo que hasta ahora había sido su única vida, el único lugar que conocía.

Una vez en Sevilla, se dirigió al mostrador de información de la estación de Santa Justa. No tenía ni idea de cómo llegar al barrio de Santa Cruz. Tras el mostrador, un chico de unos veintipocos años, hacía un anuncio por megafonía. Cuando se acercó a preguntar, al chaval le cambió la cara. Se quedó inmóvil unos segundos, los músculos de su cara contraídos en una expresión de pasmo. Marisa cambió su sonrisa por un gesto de preocupación.

-*"Hoy he soñado que tú vendrías a preguntarme precisamente eso."*- dijo el muchacho dejándose caer en el mostrador, acercándose más a ella, como para decirle un secreto al oído. *"Termino de trabajar en media hora. Por favor, espérame y te acompaño."*

-*"De acuerdo."*- dijo Marisa. Se arrepintió de sus palabras justo al acabar de pronunciarlas. "Nunca hables con extraños" pensó. Pero esa parte de su ser que hacía que ahora se sintiera más viva que nunca se sublevó contra toda desconfianza, contra todas las enseñanzas inculcadas desde niña, que nos acostumbran a sospechar de todo acto altruista y bondadoso. "Nunca hables con extraños", repetía una voz en su cabeza. Decidió ignorarla, y dejarse llevar. Todo lo que estaba ocurriendo hoy era extraordinario, excepcional, misterioso. Y al mismo tiempo, dentro de sí misma tenía la certeza de estar haciendo lo correcto: seguir sus impulsos, intentar descifrar sus inquietudes, confiar de nuevo en la buena fe de las personas. Se sentía agradecida. Comprendió que al haber decidido confiar en un extraño, al pensar que ese extraño tenía las mismas ilusiones, los mismos miedos, los mismos deseos de encontrar la felicidad que ella, podía percibir el mundo como lo que en realidad era, un lugar inmensamente mejor de lo que nuestra desconfianza inicial, fruto de nuestro aprendizaje social, nos hace creer.

Pensando en el presente, entendió que este estaba formado por nuestro pasado. Granitos de tiempo que se apilaban hacia nuestro futuro. Presentes formados por una montaña de minúsculos intervalos de tiempo, que conformaban la realidad del ahora. Y eran los granitos nuevos los que iban construyendo el futuro. Dependía sólo de cada uno elegir los granos, los pedacitos de tiempo de que estaría construido el resto de nuestra vida. Empezaba a ver la realidad a través de otro cristal. A través del cristal que no está teñido de miedo, sino de cariño, de ternura, de amor infinito. El cristal por el que se ven las similitudes entre los hombres en lugar de las diferencias. El cristal por el que no se distinguen razas ni credos ni nacionalidades. A través del cristal por el que todos somos criaturas del Universo con el mismo derecho a ser felices y con la obligación de ayudar a los demás a alcanzar su propia felicidad. La felicidad, en el lugar donde nos guían nuestros sueños, abría de par en par las puertas de su casa.

Media hora más tarde, caminaban juntos hacia la parada del autobús que los llevaría al barrio de Santa Cruz. El muchacho se llamaba Enrique.

Al llegar a su destino, Enrique la llevó por esas calles con las que ella había estado soñando hacia la plaza de Doña Elvira. Marisa miraba sorprendida todos los detalles. Los patios, las macetas, los nombres de las calles eran un deja-vu constante. Se sentaron en la terraza de un bar y pidieron dos cafés con leche.

Comenzaron a hablar. De todo. Los dos sabían que había un motivo por el que el cosmos los había guiado a conocerse, y que tenían que aprender algo el uno del otro. Aunque no supieran qué. Así que hablaron hasta que oscureció. Se contaron sus sueños, sus inquietudes, y compartieron sus ilusiones. Ambos notaron las prominencias en los brazos del otro, esos bultos que forman las fístulas arterio-venosas dilatadas, y supieron que ambos habían estado en diálisis. Al principio no dijeron nada. Como si no quisiesen recordar todas esas horas esclavizados por la máquina; esa vida anterior llena de aburrimiento, de dependencia del riñón artificial; de incertidumbre y aplazamientos repetidos una y otra vez, a la espera de ese órgano que les devolvería, como el bandido enmascarado de los cómics, la libertad y la alegría.

Mientras estaba ocurriendo todo esto, sus auras empezaron a entrelazarse, a crear nuevos colores y a vibrar en nuevas longitudes de onda, más cercanas a la vibración que gobierna el mundo de todo lo visible y lo invisible, más poderosa que sus dos auras por separado. El Universo entero aumentó la frecuencia de la oscilación de sus partículas más elementales momentáneamente. Tal era la fuerza de la unión de estas dos auras. En la dimensión de lo no físico, este fenómeno ocurre cuando dos personas se enamoran.

Ese día ocurrieron dos cosas muy curiosas: la primera es que se conocieron dos personas que habían vuelto a la vida hacía un año gracias a que ambos recibieron un trasplante de riñón. Esa noche el cosmos había fabricado un amor que duraría más allá de la existencia física; un amor que era capaz de influir en fenómenos a millones de años-luz de la Tierra.

La segunda es que, esa noche, dos órganos que procedían del mismo donante se habían reunido de nuevo y por siempre.

TU NOMBRE

Te digo que te quiero y dejas escapar unas pequeñas e inocentes carcajadas seguidas de palabras que hacen obvia tu incredulidad. Tu risa me suena tan dulce. Para aclarar cualquier duda, me dices que no me crees.

Te vuelvo a repetir que te quiero mientras nuestros cuerpos desnudos se mueven acompasados, esta vez mirándote a los ojos. Me arañas la espalda. Acaricio tu pelo.

Te beso y me besas con la misma intensidad. Bajo a tu cuello y lo muerdo con ternura. Sigo avanzando por el mapa de tu piel hacia tus pechos. ¿Te he dicho alguna vez que me encantan tus pechos? Y te vuelvo a repetir que te quiero. Tú vuelves a reír con la misma risa traviesa y breve de antes. Y me vuelves a decir, esta vez directamente, sin rodeos, que no me crees.

Un silencio de unos segundos envuelve nuestros abrazos, nuestros besos, nuestros cuerpos sudorosos. Y como si esa ausencia de sonidos hubiera sido una reflexión, o mejor aún, como si el silencio fuera el sonido de tu pensamiento, de una sucesión de ideas que acaban en una conclusión, respondes que tú también me quieres. Sorprendido al oírte decirlo, alzo la vista para mirarte a los ojos. Me encuentro tu mirada, brillante, apasionada, entregada a mí. Me acaricias el pelo con toda la ternura del mundo. Y yo sí que te creo. Sonrío al saber que ahora hablamos el mismo idioma, que nos movemos al mismo ritmo, que nuestras auras están compaginadas.

Bajo hacia tu cintura dejando un sendero de besos suaves. Me entretengo un rato en tu ombligo. Luego en tus ingles. Me regalas gemidos al son de mis caricias.

Empiezo el camino de vuelta hacia tu boca de la misma manera que me alejé. Recorro cada centímetro de tu barriguita, de tus pechos, de tu cuello..... Me doy cuenta de que no me queda ninguna parcela de piel por cubrir de besos.

Te miro a los ojos diciéndote que te quiero mientras vuelves a meterme en ti. Vuelves a reír, y por segunda vez esta noche me dices que me quieres. Seguimos bailando la danza de la lujuria, los dos, desnudos, sudando, mirándonos a los ojos y diciéndonos te quiero. Una y otra vez. Y ríes cuando lo digo yo. Y me miras a los ojos cuando lo dices tú. Nos acariciamos mutuamente. Nos revolcamos en la cama, sin prisa.

Mientras nos vestimos pienso si mañana nos acordaremos de esta noche, de este instante fugaz; de que fuimos amantes furtivos; de que nos quisimos con pasión en un presente sin pasado ni futuro. Tal vez el alcohol borre nuestras memorias de lo que pasó en esta cama y todo quede en el olvido, como si nunca hubiera pasado, como si nunca nos hubiésemos dicho te quiero, como si nuestros cuerpos no se hubieran conocido nunca. Espero que no. Espero recordarte mañana y todos los días. ¿Cómo me habías dicho que te llamabas?

EL FIN DEL MUNDO

El fin del mundo llegó. Vaya si llegó. Pero de una manera que sólo unos pocos pudieron predecir.

El fin de los días es algo que siempre estuvo en las noticias y en las primeras páginas de periódicos sensacionalistas. Las reacciones solían ser muy diversas: desde la indiferencia de la gran mayoría, hasta la locura colectiva de unos pocos que, esperando ser recogidos por naves alienígenas, decidían quitarse la vida y de paso también las de sus hijos. Ha habido cometas acercándose a distancias preocupantes; profetas de toda índole apuntando a fechas del juicio final; fechas que luego llegaron y todo siguió girando como si nada. Para entonces, los profetas ya habían ingresado hacía tiempo en hospitales psiquiátricos. Incluso el último día del calendario Maya, que unos entendieron como el momento de la destrucción del planeta Tierra, y otros como el despertar de una conciencia colectiva que revolucionaría el mundo cambiando los valores existentes por otros mucho más humanitarios. Al final fue un día más y tampoco ocurrió nada digno de mencionar.

Todos sabemos que el Sol se apagará algún día. Por otra parte, la Luna se va alejando de la órbita terrestre, lo que permitirá dentro de muchos miles de años que el eje de rotación de nuestro planeta llegue a girar hasta 360 grados, afectando esto al clima de tal manera que la mayoría de las especies existentes, incluidos nosotros, morirían al no estar adaptadas, ni tener tiempo de adaptarse, al nuevo medio ambiente.

Cambios climáticos sucesivos, como han venido ocurriendo desde hace 4 mil millones y medio de años, y que continuarán hasta que el planeta se enfríe y muera como murió Marte hace muchísimo tiempo. La historia de la vida en la Tierra se remonta a hace unos 3.500 millones de años con ciertas bacterias y algas apareciendo en los océanos y mares. Los animales terrestres aparecieron hace 430 millones de años; los reptiles hace 300 millones de años. El primer homínido hace unos 10 millones de años. El hombre de hoy, es decir, nosotros, sólo lleva en la Tierra 300.000 años. Si comparamos la edad de nuestro planeta con un año solar, el hombre aparece el 31 de Diciembre, a las 20:30 horas. Una minúscula porción de tiempo en un ciclo que sin duda seguirá su curso, de forma natural, hacia condiciones que acabarán haciendo imposible nuestra existencia en el planeta, y por tanto nuestra vida.

También tenemos las Calderas, también llamadas súper volcanes. Una erupción de una de estas Calderas, cubriría toda la Tierra de cenizas y humo durante meses, con efectos devastadores en la cadena trófica. El mundo entero entonces sabría lo que es el hambre, y estallaría la guerra por la supervivencia, primero entre países, y finalmente entre vecinos. Una nueva guerra mundial en la que cada persona estaría contra todas las demás. Los saqueos, violaciones, torturas y asesinatos estarían a la orden del día. El canibalismo sería una realidad.

Aún así, nada de esto ocurrió. Al menos no antes del Fin del Mundo. No antes de aquella enfermedad que infectó a tantos.

De alguna manera, la gente, los individuos, fueron descuidando la consideración hacia otras personas. Se olvidaron de dar las gracias, de sonreír, de respetar las opiniones y libertades de otros. Se pedían favores innecesarios. Incomodaban a otros por pequeñas cosas que bien podría resolver por sí mismo el interesado. Pedían dinero a los amigos y no lo devolvían, haciendo que el que guiado por la buena intención pasara dificultades. No abrían las puertas para que pasaran primero otros. No respetaban las colas. No cedían sus asientos a personas mayores, ni a inválidos ni a embarazadas ni a madres con niños. Veían a una ancianita caída en la calle y pasaban de largo, dedicándoles sólo una mirada curiosa mientras pensaban "Llevo prisa. Ya la ayudará alguien". Veían a una persona en una silla de ruedas empapada bajo la lluvia y no se paraban a ofrecerles un paraguas y un empujón hacia donde se dirigieran. Veían un coche parado con su conductor empujándolo y ni consideraban echarle una mano al pobre desafortunado. Hacían oídos sordos a los gritos de ayuda y evitaban a los que se les acercaban con buenas palabras ofreciendo su amistad o su compañía. El yo había matado al nosotros.

Muchos eran culpables de todos estos cambios. Estos culpables son los responsables del mayor crimen que se puede cometer contra otro ser humano, y en definitiva, contra toda la humanidad: el abuso de la caridad, de la buena intención de otros. Hay gente a las que han asesinado y robado supuestos accidentados en la carretera a los que habían parado a auxiliar. Personas han ofrecido ayuda a una niña desamparada, y han sido acusados de pederastas. Muchos han sufrido graves lesiones, incluso han sido vilmente asesinados a patadas, puñetazos y cuchilladas, por defender a un minusválido o a una mujer maltratada.

Como era de esperar, esta actitud de unos pocos afectó de manera muy grave al resto de la humanidad. Llegamos a desconfiar de todos, y cada uno se encerró en su pequeña burbuja, junto con su hipoteca, su letra del coche, los recibos del teléfono, electricidad, gas, internet y seguros, y cada persona se dijo a si mismo "Que se joda el mundo. Yo ya tengo bastante con mis problemas".

Y así empezó la enfermedad. Se replicó y se transmitió como un virus, llegando a afectar a todos los hombres y mujeres. Los niños fueron inmunes a ella pues aún no habían olvidado su deber para con otros. Aún así fueron arrastrados por sus padres, como pasa también en asuntos de religión y política, hacia un odio y un egoísmo que ellos, los niños y niñas del mundo, nunca llegaron a entender. El mundo de cada persona era ella misma. Ni amigos ni hermanos ni padres ni primos ni pareja ni marido ni mujer. Todo estaba permitido mientras hubiera un beneficio personal. Sin importar las consecuencias. Cayera quien cayera. Sin remordimientos, sin conciencia. Bien soy yo. Mal son los demás.

La Tierra por fin pudo respirar. Pues nos matamos los unos a los otros, sin bombas nucleares ni armas biológicas; sin dejar rastros radioactivos ni lluvias ácidas ni plagas mortales. Puro y duro egoísmo desorbitado, llevado a sus límites más despiadados. Limpio y sin residuos. De la misma manera en que los mamíferos poblaron la Tierra cuando se vieron libres de sus depredadores más importantes al extinguirse los dinosaurios, sin el factor humano otras especies vieron su oportunidad y se aventuraron en el viaje evolutivo hacia la conquista del planeta.

La Tierra por fin pudo respirar. Siguió su órbita alrededor del Sol como quien acaba de curarse de la sarna, sin el picor de la estupidez y de la falta de consideración humana. La Luna decidió no alejarse más de la órbita terrestre. El Sol ese día salió con ganas de crear vida.

EL AVIÓN

Atardecer sobre las nubes es sin lugar a dudas uno de los espectáculos más hermosos del Universo. El cosmos tiene esta forma caprichosa de demostrarnos su poder. Como un ilusionista que saca pañuelos de colores de un sombrero, la naturaleza hace estos alardes de belleza cada día, a cada puesta de Sol. Sólo hay que tener la suerte de estar a diez kilómetros de altura, en la parte del avión que mira al oeste.

Se había bajado el telón. El Sol se había escondido ya bajo las nubes dejando tras de sí un cielo a capas de colores amarillo, rosa, naranja, rojo y negro. Por ese orden. Estaba sentado en mi asiento de clase turista, en ventanilla, con los ojos cerrados tratando de grabar en mi memoria lo que había percibido con mis ojos, y en mi corazón, los sentimientos que este atardecer de tonos imposibles había provocado.

Era una de esas raras veces en las que la conversación no había surgido espontáneamente con la pareja que estaba sentada a mi lado. Tal vez el hecho de que yo me hubiese dedicado a mirar por la ventanilla desde que el cielo empezó a desdibujarse, hubiera contribuido en buena medida a esta ausencia de palabras. De todas formas, él parecía no sentirse demasiado cómodo volando: la más mínima turbulencia le hacía asirse con las manos en garra a los reposabrazos del asiento. Ella, en lo que yo interpretaba como un gesto de ternura y amor sin límites, ponía su mano sobre la de él diciéndole sin mover los labios, en el lenguaje de los gestos, que se tranquilizara, pues mientras ella estuviera a su lado nada podría ocurrirle.

Las azafatas pasaban una y otra vez con sus carritos, repartiendo bebidas, snacks y vendiendo artículos de duty-free. Quedaba una hora y media para aterrizar, y el vuelo hasta ahora había transcurrido sin demasiados incidentes.

De pronto suena un pitido. Se enciende la señal luminosa de "Abróchense los cinturones". Un poco pronto, pensé, pues aún no habíamos iniciado el descenso. Por megafonía el comandante nos explica que hay viento fuerte, y espera que se produzcan turbulencias considerables. Las azafatas recogen todo, se sientan y se abrochan los cinturones. El hombre sentado en el asiento contiguo empieza a sudar agarrado fuertemente a los reposabrazos, como si en ello le fuera la vida. Su pareja repite el gesto de apoyar su mano en la de él, acariciando suavemente su piel con los dedos. Esta vez la buena intención de ella no parece surtir el efecto tranquilizador deseado. Él se pone pálido y ella empieza a estar seriamente preocupada al mirarlo. Nuestros ojos coinciden un instante e intercambiamos una sonrisa mínima.

Transcurren unos minutos en los que no pasa nada, excepto algún pequeño temblor que no tiene nada de especial. De pronto el avión empieza a vibrar como yo nunca había experimentado antes. Todo se agita a mi alrededor. Se escuchan crujidos, como cuando vas en un barco y navegas por un mar alborotado. En los compartimentos del equipaje de mano, se escuchan las maletas moverse violentamente.

En un momento en que todo parece volver a la normalidad, escaneo con la mirada la situación. Sólo encuentro caras pálidas. Algunos pasajeros vomitan en sus bolsas de papel. Otros recitan oraciones calladas que aprendieron de niños. Nadie grita. Eso de los gritos sólo pasa en las películas. Me doy cuenta de que esto no es una simple turbulencia, que el viento de fuera es fuerte y que el piloto está teniendo mucha dificultad para controlar el avión. Las sacudidas vuelven a repetirse. Incluso me parece ver el avión deformarse, elásticamente, para volver a su forma habitual. Miro a las azafatas pensando que si ellas están tranquilas todo está bien, y me las encuentro igual que los pasajeros: caras blancas, vómitos en bolsa de papel y oraciones con los ojos cerrados, implorando a algún dios que se apiade, haciéndole mil promesas si nos libramos de esta. Por primera vez desde que empezaron las turbulencias, me doy cuenta de que puede ser que no lo contemos; que este puede ser mi último día, mi último despertar, mi último anochecer sobre las nubes. Se me vienen a la cabeza imágenes de aviones caídos del cielo, estrellados contra montañas de cumbres nevadas en medio de la niebla. Empiezo a entender lo que todas las víctimas sintieron antes de morir.

Y lo peor es que no hay nada que yo pueda hacer. No tengo ningún tipo de control sobre la situación. Empiezo a pensar que todo va a salir bien, que las turbulencias pasarán, y aterrizaremos y nos reiremos del incidente. Al llegar a casa tendré otra historia más que contar. Pero por si acaso, hago un repaso del momento de mi existencia en el que me encuentro y empiezo a plantearme una serie de preguntas. Quiero estar seguro de algunos sentimientos. Quiero saber que todo está en orden con la gente a la que quiero.

Memorias de distinta índole pasan por mi mente a una velocidad brutal. Sonrío al tener la certeza de que no me he callado ningún te quiero, y que al menos en los últimos años, me he esforzado por no ser un hipócrita. Los que me decepcionaron se quedaron atrás hace mucho tiempo. Todo lo que tenía que decir lo dije. He mantenido en mi vida a los amigos que entendían lo que significa la amistad. A pesar del tiempo y a pesar de la distancia, esa vil asesina de amores.

Los crujidos del avión se hacen más fuertes. Son los únicos sonidos que se escuchan a bordo. Un silencio tenebroso puebla densamente el aire cuando las turbulencias se calman momentáneamente. Las azafatas siguen amarradas a sus asientos, pálidas y haciendo promesas a seres superiores.

Sabiendo que esta calma es sólo transitoria, sigo analizando mis pensamientos. Sí: me he hecho mejor persona desde que me di cuenta de que no tenía que esforzarme en ser mejor que nadie, sino mejor que mi mismo. He respetado todas las opiniones sin que ser respetuoso signifique estar de acuerdo o llegar a entender. También he conseguido derribar toda diferencia de raza, sexo y religión, al buscar un motivo común, una bandera que nos una a todos los seres humanos: el deseo de alcanzar la felicidad y evitar el sufrimiento. He puesto todo mi empeño en ser feliz y en alcanzar mis sueños. He comprendido que es en esta búsqueda constante donde se halla la felicidad. He ayudado al que ha necesitado una mano amiga. He soñado con un mundo mejor y he predicado con mis acciones. Los que me han conocido poco tiempo, me han preguntado, curiosos, el secreto de mi felicidad. He buscado el conocimiento. He visitado lugares remotos. He admirado la belleza de todo lo que me rodea. Y de cada sitio me traje una lección. He descubierto que la vida nos enseña muy poco: pues es el análisis de nuestras experiencias lo que nos da la sabiduría.

Aún me quedan cosas por hacer, ilusiones por realizar, pero puedo estar tranquilo de haber vivido persiguiendo mis sueños uno a uno. Así he comprendido que lo único imposible es lo que nunca se intenta. Que no hay nada peor que arrepentirse de lo no hecho. Que lo imposible no existe: es tan sólo la mentira que nos hace creer nuestro miedo.

Se escucha una ventanilla romperse y siento como el avión se despresuriza. El dolor en los oídos es bestial. Las máscaras de oxígeno aparecen colgando en frente de mi cara. Agarro la mía, me la ajusto, y compruebo con una mirada que los pasajeros de al lado tienen la suya. La señora a mi lado se ha dedicado a ponerle la mascarilla a su acompañante, que aterrorizado es incapaz de moverse. La falta de oxígeno hace que ella se desmaye. Las azafatas, cuando te dan las instrucciones para casos de emergencia con su coreografía complementaria, siempre te dicen que te pongas tu mascarilla antes de ayudar a otros a ponerse la suya. Queda demostrado que para poder ayudar a los demás primero hay que ayudarse a uno mismo. En un gesto rápido, le coloco la suya en la cara y a los pocos segundos recobra el conocimiento. Se gira en un gesto instintivo hacia su pareja. Sin darse cuenta de lo que ha ocurrido, sigue sujetando la mano de su acompañante, asegurándole con toda su ternura y su amor que todo va a salir bien.

Me vuelvo otra vez a apoyar en mi asiento en medio de gritos despavoridos y hojas de revista volando. Cierro los ojos y anulo todo ruido. Empiezo a concentrarme en mi propia respiración. Un sentimiento de bienestar inunda mis adentros. Oigo un crujido y empezamos a caer. Estoy en paz con el Universo. Estoy preparado para pasar al siguiente nivel.

PERECEDERO

Por mí se pueden apagar hoy todas las estrellas del cielo, oscurecerse la luna, no salir el Sol mañana...

Porque esta noche estoy contigo y con nadie más, junto a ti, abrazados. Siento el calor de tu cuerpo invadir mi ropa y mezclarse con el mío. Y nada puede hacer este instante más bello. Juntamos nuestras frentes. Mis labios sienten tu respiración haciéndome cosquillas en la cara. Nos abrazamos más fuerte, sintiendo este momento único, distinto a todos los anteriores, y sin duda a los que están por venir, ya forjándose, adquiriendo vida, tomando forma a partir de esta noche. Que se agoten las lágrimas de tristeza, los gemidos de dolor, la soledad del corazón...

Nuestros labios se tocan ligeramente. Nuestra respiración se hace más acentuada. Finalmente un beso suave seguido de otro más apasionado. Con los ojos cerrados pongo todos mis sentidos en percibir esto que estoy viviendo, esta realidad que me presenta mi mente tras procesar todos los estímulos que recibe a través de mis sensores de la realidad. No quiero que acabe nunca, pero sé que todo es perecedero. Podría dibujarnos en la orilla del mar, pero las olas se apresurarían a borrarlo, pues la arena no entiende de memorias. La playa es el lugar donde nada se recuerda, donde nada se archiva. Todo se desvanece sutilmente con las caricias de las olas, con el óxido del agua, con la corrosión de la sal. Podría también en el bosque hacer un mural de hojas secas en el que se leyera "te quiero", pero el viento sería impasible al soplar, barriendo suavemente las hojas, desdibujando las letras con las que te prometí amor eterno. Por mí que se acaben las guerras, que se extinga el odio, se pudra todo el dinero...

Pues todo es perecedero. Igual que el calor de nuestros cuerpos; igual que los besos que nos damos; que los latidos de nuestros corazones sincronizados por la cercanía de nuestros pechos. Toda nuestra realidad es un minúsculo instante, una foto mal tomada del ahora, que perece, que se transforma en pasado, en ayer, en memoria, para dar paso al siguiente momento, al futuro, al mañana, al resto de nuestras vidas. Y volvemos a sentirlo intensamente, pues sólo durará lo que tarde el tiempo en avanzar. De la misma forma, a otra escala de tiempo, nuestra propia esencia es también perecedera. A las pocas décadas de haber muerto, nuestros genes se habrán diluido en las generaciones venideras; la memoria de nuestra existencia se habrá difuminado, incluso desparecido, pues ya ni siquiera vivirán los portadores de recuerdos nuestros, las personas con las que nos relacionamos, con las que creamos vínculos fuertes de amistad, que nos tocaron, y que nos concedieron un lugar, por minúsculo que fuera, dentro de sus corazones. Incluso nuestro planeta está condenado a perecer. Nuestra historia es otra más entre tantas que ha habido y tantas que seguirán escribiéndose, hasta que la madre Tierra deje de palpitar calor. Que nadie se engañe. Incluso más allá del sistema solar, el firmamento está también sometido a esta ley universal de lo perecedero, y será algún día sólo polvo del que surgirán nuevos mundos, nueva vida, nueva energía, nuevo amor. Que se callen los que mienten, que se mueran los que matan…

www.SaulDiazReales.com

INSTAGRAM @sauldiazreales

FACEBOOK sauldiazreales

S.